R&B馬鹿リリック大行進
〜本当はウットリできない海外R&B歌詞の世界〜

高橋芳朗・宇多丸・古川耕
TBSラジオ「ライムスター宇多丸のウィークエンド・シャッフル」編

スモール出版

イントロダクション

『ライムスター宇多丸のウィークエンド・シャッフル』(通称『タマフル』)は、パーソナリティにRHYMESTERの宇多丸を迎え、毎週土曜日の22時〜24時にTBSラジオ (AM954kHz/FM90.5MHz) で放送している番組です。2007年4月7日よりオンエアがスタートし、毎週生放送にてお送りしています。Podcastでも配信中です。

もくじ

- **002** イントロダクション
- **006** 「R&B馬鹿リリック大行進」とは？
- **009** 第1章　すべてはここから始まった編
  (2009年10月24日放送「本当はウットリできないR&B歌詞の世界！
  R&B馬鹿リリック大行進!!」)
  - 物件01　ドゥエイン・ウィギンス『ミュージック・イズ・パワー』の歌詞
  - 物件02　シスコ『インコンプリート』の歌詞
  - 物件03　プレジャー・P『ボーイフレンド・ナンバー2』の歌詞
  - 物件04　ボビー・ヴァレンティノ『スリー・イズ・ザ・ニュー・トゥー』の歌詞
  - 物件05　トゥイート『セクシャル・ヒーリング』の歌詞
  - 物件06　R.ケリー『(セックス)ラヴ・イズ・ホワット・ウィ・メイキン』
  　　　　　『セックス・プラネット』の歌詞
  - 物件07　トレイ・ソングス『アイ・インヴェンテッド・セックス』
  　　　　　『ストア・ラン』の歌詞

- **067** 第2章　R師匠、絶好調編
  (2009年12月19日放送「本当の本当にウットリできないR&B歌詞の世界！
  R&B馬鹿リリック大行進！PART2」)
  - 物件01　R.ケリー『アンタイトルド』の歌詞
  - 物件02　ザ・ドリーム『スウェット・イット・アウト』の歌詞
  - 物件03　ジェレマイ『バースデイ・セックス』の歌詞

- **123** 第3章　眠れる山脈、ネクスト編
  (2010年6月12日放送「本当の本当の本当にウットリできないR&B歌詞の世界！
  R&B馬鹿リリック大行進PART3　ザ・ラスト」)
  - 物件01　ネクスト『レイテッドNEXT』『ウエルカムⅡネクスタシー』の歌詞

205 　**第4章　R師匠、接触編**
　　　（2011年2月5日放送「復活！　本当はウットリできない海外R&B歌詞の世界！
　　　R&B馬鹿リリック大行進リターンズ"キング・オブ・R&B"もしくは"R師匠"ことR.ケリー大特集！」）

　　　物件01　R.ケリー『R.ケリー』『TP-2.com』『チョコレート・ファクトリー』
　　　　　　　『アンフィニッシュド・ビジネス』『TP.3 リローデッド』『ダブル・アップ』
　　　　　　　『ラヴ・レター』の歌詞

275 　**第5章　時代がR師匠と俺たちに追いついた編**
　　　（2013年12月21日放送「本当はウットリできない海外R＆B歌詞の世界！
　　　R&B馬鹿リリック大行進2013　世界の"R師匠"ことR・ケリーが送る、
　　　驚異のニュー・アルバム『ブラック・パンティーズ』大特集」）

　　　物件01　R.ケリー『ブラック・パンティーズ』の歌詞

高橋芳朗コラム
063 　#1　R.ケリーをより深く知るために〜自伝／DVD紹介
119 　#2　R.ケリー最新アルバム『ザ・ビュッフェ』
195 　#3　トレイ・ソングス馬鹿リリック列伝
273 　#4　究極の馬鹿リリック!?　R.ケリーのパロディ・ソング　その1
　　　　　デイヴ・シャペル編
315 　#5　究極の馬鹿リリック!?　R.ケリーのパロディ・ソング　その2
　　　　　ブライアン・マックナイト編

199 　**Kana Muramatsu インタビュー**　R&Bの歌詞対訳の舞台裏

317 　**西寺郷太×Kダブシャイン×高橋芳朗　スペシャル座談会**
　　　ブラック・ミュージックにおける下ネタの重要性

330 　**あとがき　宇多丸**

「R&B馬鹿リリック大行進」とは?

『ライムスター宇多丸のウィークエンド・シャッフル』の特集コーナー「サタデーナイト・ラボ」。これは毎週週替わりでさまざまな特集が組まれている、当番組の名物コーナーの1つです。ここで誕生した伝説の企画が「R&B馬鹿リリック大行進」。2009年10月24日の第1回放送直後より大きな話題を呼び、計5回にも及ぶ人気のシリーズとなりました。この本は、これらの放送内容を全面的に再編集・再構成したものです。

私たちはラジオやクラブなどで、海外のR&Bを耳にすることがよくあります。思わずウットリするようなメロディーや、甘く切ないバラードなど、オシャレでアーバンなR&Bですが、我々日本人は英語の歌詞を理解しないまま聴いていることが多いですよね。実は歌詞をよく調べてみると、とんでもない下ネタの連発でびっくりというケースが多いのに。そこで、これらを検証して学んでいこうという音楽啓蒙企画が「R&B馬鹿リリック大行進」なのです。
この企画は、ヒップホップ/R&B専門誌『blast』(シンコーミュージック・エンタテイメント/2007年休刊)の2001年の特集記事が起こりでもあります。

当時、この雑誌の編集者だった高橋芳朗と、ライターだった古川耕、川口真紀の3人による雑誌企画でした。そして、この記事を宇多丸は大絶賛。『blast』史上、1、2を争う名企画、とも一部では言われていました。

ここで1つ「R&B馬鹿リリック大行進」における、とても大切な大前提をお伝えしておきましょう。それは対訳についてです。これから紹介するR&Bの楽曲の対訳は、すべて日本盤のCDに入っているライナーノーツの歌詞カードに準拠しています。つまりこれらの歌詞は我々が勝手に意訳しているわけでも、創作しているわけでもありません。これらの歌詞が、オフィシャルのものとして流通しているということが原則になっています。

以上を踏まえ、これから読み進めていただきますと、あまりのエロティックな表現に、笑いや驚きが込み上げてくるはずです。もちろんそれを最大限に楽しんでいただきたい企画でもあります。これらのさらに先にある、性愛を直球で美しいメロディーにしていくR&Bミュージックの素晴らしい文化を理解してもらえれば、これに勝るよろこびはありません。

それではR&Bの歌詞の奥深すぎる世界を、どうぞ心ゆくまでご堪能ください。

番組パーソナリティ
宇多丸

「R&B馬鹿リリック大行進」の生みの親
高橋芳朗

番組レギュラー
しまおまほ

番組構成作家
古川 耕

YOSHIAKI TAKAHASHI **UTAMARU** **KOU FURUKAWA**

第1章
すべてはここから始まった編

2009年10月24日放送
「本当はウットリできないR&B歌詞の世界!
R&B馬鹿リリック大行進!!」

物件 01

ドゥエイン・ウィギンス
『ミュージック・イズ・パワー』の歌詞
Dwayne Wiggins "Music Is Power"

R&Bグループ「トニー・トニー・トニー (Tony Toni Toné)」のギタリスト／シンガー。グループ解散後にソロ活動を開始。2000年にソロ・アルバム『アイズ・ネヴァー・ライ (Eyes Never Lie)』を発表。また、プロデューサーとして、デスティニーズ・チャイルド (Destiny's Child) やアリシア・キーズ (Alicia Keys) などを手がけている。ちなみにトニー・トニー・トニーのボーカル、ラファエル・サディーク (Raphael Saadiq) は実の弟。

第1章 すべてはここから始まった編

Motown Records

> トニー・トニー・トニーって結構オシャレな感じじゃないの？

> 本来はカッコいい系の曲を作る人ですよ。

古川　（一同、曲を聴きながら）これ、すごくカッコいい曲ですよね。

宇多丸　シブい感じのファンクだよね。

古川　しかも、タイトルは『ミュージック・イズ・パワー』ですよ。

宇多丸　これはつまり、「音楽は素晴らしい」みたいなこと？

高橋　そういうことですよ。

古川　ここでは、その歌詞を1行だけ紹介します。前提として知っておいてほしいことは、このドゥエイン・ウィギンスさんという人の外見ですね。**ドレッドヘアーです。**

宇多丸　いわゆる髪が束になって、チリチリになってる髪形。

古川　ボブ・マーリーとかそんな感じの。で、なんていうんですかね、熊さんぽいっていうか、そんなに太ってはいないんですけど、ちょっともっさりとした雰囲気のドレッドヘアーの方だという、それだけ知っておいてください。

宇多丸　外見、関係あるのね？

古川　非常に関係あります！　それではさっそく紹介しましょう。どうぞ。

PLAY!

どこに行っても、人から聞かれる
「それは地毛ですか」ってね

ドゥエイン・ウィギンス『ミュージック・イズ・パワー』より

宇多丸　「どこに行っても、人から聞かれる『それは地毛ですか』」って、つまりドレッドに関して質問されると。……あのさ、**音楽と関係なくね？**
古川　でも、タイトルが『ミュージック・イズ・パワー』ですからね。
高橋　しかも、このフレーズから歌が始まるんです。
宇多丸　あ、そうなの？　え？　ここからちゃんと、音楽は素晴らしいってとこに展開してくの？
古川　一応そのあとは「わかるだろ、髪の長さで人を判断するのはフェアじゃないよな」みたいな曲になっていくんです。だからまぁ、つかみですよね。
宇多丸　これ、ちょっと笑わせようとしてるんじゃ……？
古川　**いや、ホントに聞かれてるんじゃないですかね？**
宇多丸　例えば俺が歌詞の出だしで、「**『サンプラザ中野くんですか？』って聞かれるけど、それ面白くねーから！**」みたいに言うってこと？
古川　たぶんそういうようなことです。
宇多丸　でも、この人がいた**トニー・トニー・トニー**って結構オシャレな感じの人たちじゃない？
高橋　カッコいい系だもんね。
古川　**この人はホントに地毛なんですか？**
高橋　地毛ですよ。しかもいま歌詞を読んだら、サビが**「髪の毛の長さで../音楽はパワーさ」**って。
一同　アハハハハ！
高橋　繋がってねーよっていう。
宇多丸　というわけで、これが軽くジャブということで。
古川　ジャブです、ジャブ。

物件 02

シスコ
『インコンプリート』の歌詞
Sisqó "Incomplete"

1990年代に活躍したR&Bグループ「ドゥルー・ヒル(Dru Hill)」のメンバー。1999年にソロ・アルバム『アンリーシュ・ザ・ドラゴン (Unleash the Dragon)』を発表。同アルバム収録の、Tバックについて歌った『ソング・ソング(Thong Song)』が全米で大ヒット。2015年、14年ぶりとなるサード・アルバム『ラスト・ドラゴン(Last Dragon)』をリリースした。

古川 続いておバカ系歌詞の2人目、シスコさんです。

宇多丸 シスコは「♪**トーントトントントン**」(※注:『ソング・ソング』のフック)が有名だよね。Tバックの歌ですよ。**こいつはバカでしょ！**

高橋 いや、バカです。

宇多丸 **聞くまでもねえけど、バカでしょ！**

古川 ブルース・リーのファンだったり、かなりのボンクラなんですよね。

高橋 日本のアニメがすごい好きで、絵とかもうまいの。

宇多丸 萌え系の絵がうまい。

高橋 あと、**バック転がうまい。**

古川 それは聞き逃せない。

宇多丸 バック転がうまい!?

古川 で、これから紹介する曲の一節があるのが、『インコンプリート』というナンバーです。

高橋 これね、ほんっとにいい曲！

宇多丸 普通にキレイな曲じゃない？ トーントトンとは、明らかに違うね。

古川 本当にいい曲だし、歌詞全体がひどいわけでは、どうもないらしいんです。ただ一節、やっぱりどうしても聞き逃せない、**聞き流せない……。**

宇多丸 聞き流せないところがくる？

古川 前半に特にきます。その一節を聴いていただきましょう……どうぞ！

法律で許されるのかと思うくらい
金が銀行にある

シスコ『インコンプリート』より

宇多丸　**すごい!!**　これはいわゆるラッパー的なホラってことだよね？
高橋　そうそうそう。
宇多丸　ラッパーってよく「『俺がナンバーワンだ』とか威張っちゃってバカみたい」って言われるけど、そういう嘘みたいな嘘、ホラを吹くのも１つの芸なんだよね。そして、これはそういう意味でラッパーっぽい。
高橋　そういうことなんです。ヒップホップの影響がかなりあるんですよね。
古川　曲全体としては、「何もかも手に入れているけど、君がいなくて僕は切ないんだ」ということを言うためのフリなんですね、ただ、そのフリがちょっと……。
高橋　**デカすぎる。**
宇多丸　まずさ、**「法律で許されるのかと思うくらいの金」**って幾ら？っていうのもあるし、あと、どう考えても**「それ、嘘！」**って。
古川　よく笑わずに歌えるなって話なんですけどね。
宇多丸　どうなのかな。そもそもアメリカ人は「うまい、うまいわ〜!!　**あなたのクンニのように！**」みたいな、そういう気の利いた言い方とか、結構するじゃない？
古川　バカじゃないの!?
高橋　しかもこれ、**全米１位**ですから。
宇多丸　あ、そうなのか！
古川　ゲラゲラ笑ってるだけじゃ、到底届かない数ですね。
宇多丸　アメリカの人に**「ここ笑わねえの？」**って聞きたいね。
古川　ニューヨークの街角でこの歌詞カードを突き出して、**「ここ笑わねえの？」**って。
高橋　でもラッパーで、このぐらいのものは慣れてるから。
宇多丸　そうね、ラッパー的メンタリティーが一般化してるから、これも許されちゃってると。
高橋　そうそう。
宇多丸　我々日本人は、そういう意味では**まだ正気を保っているので……**。
古川　まだまだギョッとしてしまいますねぇ。

物件 03

プレジャー・P
『ボーイフレンド・ナンバー 2』の歌詞
Pleasure P "Boyfriend #2"

マイアミ発の兄弟シンガー＋ラッパーグループ「プリティ・リッキー(Pretty Ricky)」のリード・ボーカリストとして、2005年にデビュー。2007年にグループを脱退し、ソロ活動をスタート。2009年、『ボーイフレンド・ナンバー2』を収録したデビュー・アルバム『マーカス・クーパーの告白(The Introduction Of Marcus Cooper)』をリリースした。

古川 では、ここから下ネタ編です。まず最初に紹介するのは、プレジャー・Pというアーティストの『ボーイフレンド・ナンバー2』という曲です。

高橋 フロリダ出身のプリティ・リッキーという、**正装が裸**みたいな4人組がいるんですけど……。

宇多丸 **話が早い！** っていう。

高橋 そこから脱退して、2009年に出したソロ・アルバムです。まず名前がヤバいでしょ？ **プレジャー・P。**

宇多丸 プレジャー・P！

高橋 **快楽P！**

宇多丸 喜びP！ 気持ちP！

古川 話が早えな、やっぱり。

宇多丸 **気持ちP〜！** みたいな。

高橋 そういう話が早い人なんです。

古川 で、『ボーイフレンド・ナンバー2』っていうタイトルからして、まず**嫌な予感**がするんですよね。

高橋 もう答えが出てますからね。

宇多丸 あのさ、若干「**あれ？ それって威張って言うこと？**」って感じがするよね。

高橋 実際、間男の歌なんですけど。

古川 これ全米R&Bチャート、最高2位なんだってね。

宇多丸 大ヒットしてるんですね。

高橋 でも、**ポップチャートでは42位。**

宇多丸 **普遍性はない**、と。R&B好きな人は慣れてるからいいけど、一般層は「これはねえだろ」と。

高橋 **一般層はドン引きだと思いますよ。**

古川 事前に言っておくと、間男の歌であるし、**その間男が逆ギレをする歌です。**

宇多丸 **期待できるね！**

古川 ではまず、イントロの歌詞から見ていきましょうか。

彼氏が近くにいない時、
電話してくれよ
オレは気にしないぜ、
片手間でいいからヤろうぜ

プレジャー・P『ボーイフレンド・ナンバー2』より

宇多丸　男らしいね〜！　下品ですね〜！　「片手間でいいからヤろうぜ」！
古川　男、**強い立場なの？　弱い立場なの？**
宇多丸　ま、でも、いつでも電話してくれよ、と。これがイントロ部分なの？
古川　そうです。そしてサビの前あたり、**あるプレイを彼から提案する1行**が出てきます。

ビデオカメラを持って来て
2人でAVでも作ろうぜ

プレジャー・P『ボーイフレンド・ナンバー2』より

宇多丸 あのさ、ちょっと待って、**曲調どんなだっけ？** 結構メロウな感じだよね？ **それでハメ撮り提案のこと歌ってんの!?**

高橋 しかもこの人、**スタンス的にはアイドル・シンガー**と言っていい人ですからね。

宇多丸 ファンからしたら、「私とそのビデオ作ってー！」ってことですよねぇ。

古川 「片手間でいいからヤってー！」ってことです。歌詞の中に出てくると、AVって単語もショッキングですよね。

宇多丸 元はどうなってるの？

高橋 「make a movie」ですね。

宇多丸 あ、それを日本語訳でAVって訳してるんだ！

古川 これはだから、**意訳が相当過ぎてる**パターン。

高橋 でも意味としてはそういうことなんじゃない？ カメラ持ってくるってことは。

宇多丸 まあそうだよ、「ハメ撮りしようぜ」ってことだから。

高橋 「ハメ撮りしようぜ」よりは、AVという訳でよかった気はする。

宇多丸 ちょっと違うもんね。AVのほうが「2人で作品を作ろう」感あるしね。いいと思うよ。

古川 で、このあとにサビが出てきて、それからの2番、**彼の魂の叫びがきます**。じゃあこれも聴いてみましょう。

オレはただの間男とは違う

プレジャー・P『ボーイフレンド・ナンバー2』より

古川 さら〜っと出てきます。

宇多丸 これはどういう文脈でくるのかな……(歌詞カードを見ながら)。
「オレはただの間男とは違う オレは時間をかけて
キミの体中にキスするんだ キミが許してくれればの話だけど
ビデオカメラを持って来て 2人でAVでも作ろうぜ」……

古川 **間男であるということに対する引け目はない**、と見ていいですね。

宇多丸 これ他のとこも結構すごいよ。
「オレは両手を上げて たっぷりキミのサービスを受けるのさ」

古川 偉そうに……。

宇多丸 「本命の彼氏だけでなく 2番目のオトコもいるオンナの子は
Yeeeaaaと言ってくれ Yeeeaaaと言ってくれ」

高橋 もうコール&レスポンス。

宇多丸 「彼氏のエッチが下手だから 2番目とヤロうと思ってるオンナの子も
Yeeeaaaと言ってくれ Yeeeeaaa
イイ場所があるんだ キミの知らない場所がね
知ってるヤツはいないから ヤリたい放題だぜ」

古川 自分のセックス技巧の、自慢の一形態なんでしょうね。

高橋 そうそうそう。

宇多丸 サビでは、
「オレはボーイフレンド・ナンバー2 本命のオトコが近くにいないし
アイツはエッチも下手そうだから オレ2番目のオトコ
キミがとってもエロいのが好きなのは分かってる
だからとことんイヤらしいことしてやるからな」

古川 **ポップチャートでは42位。**

高橋 アハハハハ!

宇多丸 「キミが言い合ったり、喧嘩したりしない限りは
2番目のオトコは絶倫のテクニシャンだから」

古川 うるせぇなあ〜。

宇多丸 これはやはり、ポップチャート42位も納得だよ。

物件 04

ボビー・ヴァレンティノ
『スリー・イズ・ザ・ニュー・トゥー』
の歌詞
Bobby Valentino "3 Is The New 2"

1996年、キッズ・コーラス・グループ「ミスタ（Mista）」のメンバーとしてデビュー。グループ解散後、紆余曲折を経て2005年、ソロ・シンガーとしてアルバム『ボビー・ヴァレンティノ（Bobby Valentino）』をリリース。2009年に発表したサード・アルバム『リバース（The Rebirth）』以降、名前を「ボビー・V（Bobby V）」へと改名している。

Blu Kolla Dreams

これ、いい曲だね〜。

変なことを歌ってるはずがない曲です！

古川 　下ネタ編の2人目。ボビー・ヴァレンティノの『スリー・イズ・ザ・ニュー・トゥー』という曲です。

宇多丸 　タイトルだけでピンとくるよね。

古川 　**「3は新しい2だ」。**

高橋 　そうだね。

古川 　**これは難解ですぞ〜?**

宇多丸 　でも、例によっていい曲だね〜。

古川 　絶対に変なことを言うはずがない曲。

高橋 　**言うはずないよ〜。**

宇多丸 　クラブでも、みんなホントにウットリして身体揺らしてるよ、きっと。

古川 　しかしこれまた世にも珍しいタイプの曲でして、**ある提案**を彼女にするんですね。さっきの人はAVを撮りたがってましたが、この歌はですね、彼女に3Pを……**スリー・イズ・ザ**を提案している。

宇多丸 　**スリーって3Pのスリーなの!?**

古川 　そういうことですね。

高橋 　スリーは新しい恋人関係だよってことですね。

宇多丸 　なるほどなるほど! 　**詭弁だね!**

古川 　で、そのコンセプトに**まずは驚天動地**なんですが、その頼み方の端々にですね、**にじみ出る卑怯者っぷりが素晴らしいんです。**

宇多丸 　いいね!

古川 　じゃあまずイントロ部分から、どうぞ。

３人っていうのが
新しい恋愛の形なんだ
さぁキミならどうする？
一体キミはどうしたい？
３人っていうのが
新しい恋愛の形なんだ
さぁキミならどうする？
一体キミはどうしたい？
３人っていうのが
新しい恋愛の形なんだ
さぁキミならどうする？

ボビー・ヴァレンティノ『スリー・イズ・ザ・ニュー・トゥー』より

宇多丸 まだ曲始まってないのに、これか。

キミがもう一人
パートナーを追加したらどうなるか
妄想してるって話を聞いたけど
ホントにそこまで
いっちゃってもいいの？
もしそうなら
ベイビー
トライしても構わないよ
キミの女友達に電話して
後で3人で会う約束しよう
何処に行けばいいのかだけ教えて
コーラとヘネシーを持ってくから
そしたら
みんなで楽しめるからね

ボビー・ヴァレンティノ『スリー・イズ・ザ・ニュー・トゥー』より

宇多丸　**俺もうダメだ〜！**（笑いすぎて泣いている）
古川　ダメですね〜。
宇多丸　あのさあ、まずこれ、男側から提案した３Ｐじゃない？　なのに、女の子にもう１人女の子の友達を連れてこいって言ってんでしょ？
古川　言い出しっぺなのにね。
高橋　**「トライしても構わないよ」**って。
宇多丸　**「渋々いくよ！」**みたいなスタンスでさ。
古川　完全に受け身です。ダメでしょ！

３人っていうのが
新しい恋愛の形なんだ
一緒にキミのガールフレンドを
連れておいで
色々Ｈなこと
３人でトライできるんだよ
もしキミがそんな風な
ファンタジーを望んでるなら
オレももちろん
参加しちゃうから

ボビー・ヴァレンティノ『スリー・イズ・ザ・ニュー・トゥー』より

宇多丸 あくまで、**あくまでエロいのはお前だぞ、と。**
高橋 お前のせいだと。
古川 **俺は渋々だぞ**っていう。
宇多丸 これ、どうなの？
古川 僕がいちばん好きなのは、「**オレももちろん　参加しちゃうから**」っていうところですね。
当然2番も続きますので、2番もまるまる紹介します。
宇多丸 俺もう耐えられない！

自分がワイルドなタイプの
男だっていうのは分かってるよ
でも
そんなオレにキミは
ぴったりだと思う
キミのスケベな態度
いつだって
Hな気分でいるだろ
でも今回はちょっと驚いたけどね
もしトライするんだったら
思いっきり最後までいっちゃおうぜ
もう後戻りなんかできないよ
3人の関係を
スタートしちゃったらね

ボビー・ヴァレンティノ『スリー・イズ・ザ・ニュー・トゥー』より

古川 これが2番です。

宇多丸 **あくまでそっちが言い出したことである、**っていう一点は譲らないうえに、ここに至るまで、**参加させられるもう1人の気持ちが一切無視されてるからね！**

古川 彼の中では、**右手を1人の彼女、左手をもう1人の彼女に引っ張られて連れてかれてる……**みたいな絵面ですよ。

宇多丸 しかもさ、ムカつくのはさ、**若干あきれ気味のスタンス**を崩してないじゃない。

高橋 「**ちょっと驚いたけど**」とかね。

宇多丸 「**そんなこと考えてるだなんて、さすがの俺もびっくりさ！**」っていうことだよね。いやぁ、ひどい！

古川 当然3番もひどいことになってます。**さらにまた具体的な1つの提案が……。**

宇多丸 まだあんのかよー!!

高橋 なげ〜！

今夜は思いっきり
アダルトな夜になるから(Yeah)
すっかりその気になっちゃうはず
で、その様子を撮影して
後でみんなで何度も鑑賞するんだ
何度も
何度も
何度もね
キミはホントにHだね

ボビー・ヴァレンティノ『スリー・イズ・ザ・ニュー・トゥー』より

宇多丸 **もうヤダ！　こいつヤダ！**
古川 結局、**アメリカのR＆Bシンガーはハメ撮りが好き**ってことなんですかね。
宇多丸 **で、最終的に責任転嫁。**
古川 この曲はびっくりしましたねぇ。
宇多丸 さすがにこれはひどい。でもさ、英語圏の人は歌詞の意味が分かるわけだから、どう思ってるの？
高橋 さっきの『ボーイフレンド・ナンバー2』もそうだけど、YouTubeとかで視聴者のコメントが見れるでしょ。わりと「**Amazing!**」とか「**So Beautiful!**」とか上がってるんだけど。
宇多丸 ビューティフル!?
高橋 ……とは書いてあるんだけど、今日この『スリー・イズ・ザ・ニュー・トゥー』見たら、「**Very Funny!**」とか、あと「**LoL**」(※注：爆笑の顔文字)とか書いてあった。
宇多丸 あ、やっぱみんな爆笑してんだ！
高橋 これはさすがに、みんな笑ってるっぽい。
古川 じゃあ我々のこの聴き方は間違ってないんだ。
高橋 間違ってない。
古川 よかった～。

物件 05

トゥイート
『セクシャル・ヒーリング(ウップス Pt.2)』
の歌詞
Tweet "Sexual Healing (Oops Pt.2)"

女性ラッパーのミッシー・エリオット(Missy Elliott)のレーベルから、2002年にデビューした女性R&Bシンガー／ソングライター。トップ・プロデューサーの1人、ティンバランド(Timbaland)が手がけた『ウップス(Oops (Oh My))』が全米R＆Bチャートで1位を記録。2005年以来となるアルバム『シャーレイン(Charlene)』の2016年リリースも決定した。

こんな美女が
馬鹿リリック!?

堂々たる
下ネタですよ。

古川 今度は、女性はどうなの？ ということで、こちらのトゥイートさんを紹介します。

高橋 デビュー・アルバムに収録されていた『**ウップス**』という曲の続編ですね。タイトルは『セクシャル・ヒーリング（ウップス Pt.2）』。

宇多丸 元ネタはマーヴィン・ゲイだね（※注：1982年発表の『セクシャル・ヒーリング』）。

古川 これは端的に1行でズバッといきます。ただ、日本語としてあまり聞いたことがない単語と……**語順？**

宇多丸 そこに注目なんだ。

古川 なので、ズバッといってもらいましょう。

独りエッチ復興委員会の
共同創設者のあたしたち

トゥイート『セクシャル・ヒーリング(ウップス Pt.2)』より

古川 はい。聞き慣れない言葉、2つありましたね。まずなんだコレ？　っていうのが「独りエッチ復興委員会」。「do-it-yourself」をルネッサンスする、つまりマスターベーションを復興する、と言っています。

高橋 そうです。そもそも『ウップス』という曲もマスターベーションの曲として話題になったんですね。でも本人は、必ずしもそれだけの曲じゃないって否定してます。

宇多丸 ここだけ注目すると、それだけの曲に見えちゃうけどね。

古川 あと、フィーチャリングでミッシー・エリオットという女性ラッパーもいるので、だから「あたしたち」となってます。ミッシーも「独りエッチ復興委員会」の共同創設者であると。

宇多丸 あのさ、まずオナニー的なものって、復興しなきゃいけないの？

古川 廃れてたんでしょうねぇ。

宇多丸 廃れてたって事実があるわけ？

高橋 いや、こういうことも公に言ってこうよ、って意味ですね。

宇多丸 ああ、そうか。ガンガン盛り上げていこうぜ！　と。

古川 この人、30歳を越えてデビューした、結構遅咲きなんですよ。だからそのくらいバンバン言いますよ、みたいなことなんでしょうね。

宇多丸 言い回しがいいねぇ、「独りエッチ復興委員会の共同創設者のあたしたち」。これ、みなさんもぜひ使って欲しいね。

古川 使う場面がなかなかなさそうですけどね。

物件 06

R. ケリー
『(セックス)ラヴ・イズ・ホワット・ウィ・メイキン』『セックス・プラネット』の歌詞
R. Kelly "(Sex) Love Is What We Makin' " "Sex Planet"

1992年、『ボーン・イントゥ・ザ・90's (Born Into the 90's)』でメジャー・デビューした、名実共に現代アメリカR&Bを代表するシンガー／ソングライター／プロデューサー。類稀なる歌唱力と美しいメロディ・センス、そしてセクシャルな歌詞により、アルバム発表のたびに注目を集めており、「性と聖を歌うシンガー」と呼ばれることもある。

古川 それではいよいよ真打ち登場。**帝王、R.ケリーさん**です。

一同 アハハハハハハハ！

古川 いや、笑うとこじゃないですよ。スゴイ人なんですから。

高橋 どのくらいすごい人なのかというと、もう20年以上もR&Bシーンの第一線で活躍している、まさにR&Bのキングです。

宇多丸 プロデューサーとしても、マイケル・ジャクソン (Michael Jackson) の『ユー・アー・ナット・アローン (You Are Not Alone)』とか、マイケルの楽曲の中でも最高に美しい曲を手がけてる……**んだけども！**

古川 ちょっとセクシーな歌を歌う人、ぐらいのイメージを持ってる人はいるかもしれませんが、**果たして実際セクシーという範疇に収まっているのか？** というのを、これから検証していきましょう。

宇多丸 ではいってみましょう。

古川 まずは端的に、『(セックス)ラヴ・イズ・ホワット・ウィ・メイキン』という曲のサビの部分から。

ヤリたいんだ
朝にセックス
夜にセックス
昼にセックス
寝てるときも(ヤリたいんだ)
祝日にセックス
毎週末もさ

R.ケリー『(セックス)ラヴ・イズ・ホワット・ウィ・メイキン』より

宇多丸　**セクシーというより、セックス。**
古川　完全に「y」が取れてますよね。
宇多丸　R.ケリーってセックスよね、ということだよね。だってこれ、**中学生レベルだぜ？**　こんなにセックスセックス言って喜んでんの。
古川　「祝日にセックス」。
宇多丸　いろんな日にセックス。まあでも「寝ててもセックス」は無理だよね。昔RHYMESTERが唱えた、**「すべての欲を同時に満たしたらどうなるか」**っていう仮説があって、**寝ぼけながら腰振ってご飯を食べると最大限の快楽が得られるんじゃないか**って、そういう思考実験なんだけどさ。
古川　**R.ケリーはすでにそこに到達していたんだ**、ということですね。
宇多丸　やってたんだねぇ。
古川　一事が万事こんな感じの人ですから、曲がまるまる下ネタというか、セックスの歌になってるというのもザラにあるわけですね。そして我々が調べた結果、この人の歌詞には**セックスを何かに例えるシリーズ**が存在することが確認されております。
宇多丸　まず例える時点で嫌だよね。
古川　ええ。さらに言うと、そのセックスを何かに例えるシリーズ、**その例えは決してうまくはない。**
宇多丸　本当に!?
高橋　全然ダメです。
古川　では、その証拠に『セックス・プラネット』という曲の歌詞を見てみましょう。

だから心配しないで、
でかいロケットを持ってるんだ
キミのエアポケットに
突っ込んでいくぜ

R.ケリー『セックス・プラネット』より

古川　どうです、このひねりのなさ。

宇多丸　まずさ、**チンコをロケットに例える**っていうのがもう最低レベルじゃない。

古川　そこだけはまず外していこうよっていうのが、普通のスタートラインですよね。

宇多丸　あと、「**キミのエアポケットに突っ込んでいく**」っていうのも、宇宙旅行の例えとしては、どうなの？

古川　その辺は細かくツッコんでいくと、きりがないですよ。

宇多丸　（歌詞カードに目を通しながら）これ、他もひどいぞ……「**10から0までカウントダウン、発射、行くぜ**」。

髙橋　アハハハ！

宇多丸　「**キミのミルキー・ウェイを一度味わったら**」……。

古川　そして、2番なんですが。言うに事欠いて、またここでも**あるプレイが提案される**んですね。

宇多丸　え？　**また提案!?**

古川　また提案です。**一瞬聴き逃しそうになって二度聴きする**みたいな感じです。どうぞ。

ガール、
痛いことなんて何もないさ、
ペインレスだぜ
これから天王星…
肛門って星に旅するぜ

R.ケリー『セックス・プラネット』より

古川　分かります?

宇多丸　**いや、全然分かんないね!**　全然分かんない。これちょっと原詞に当たんないと。どんな感じなの?　元は……(と、歌詞カードを読み始める)。

古川　「ペインレスだぜ」って訳し方もちょっと不思議ですけどね。

宇多丸　**あ〜〜〜!!**　これは元を見ると分かるね!

古川　なんて言ってます?

宇多丸　「We'll take a trip to planet Uranus」。天王星だからウラヌスなんだよ。**ウラヌス……アヌス……。**

高橋　韻踏んでるんだ!

古川　該当箇所を実際に聴いて、**ごまかせてるかどうか**確認してみましょう。

♪
We'll take a trip to planet Uranus...anus

R. Kelly "Sex Planet" より

一同　♪ウラ〜ヌス、ア〜ヌス
高橋　アハハハハ！
古川　いま言ってましたね！
宇多丸　♪ウラ〜ヌス、ア〜ヌス
高橋　アハハハハ！
宇多丸　俺思うんだけど、せっかく言葉を掛けるなら、**アヌスって言っちゃダメじゃね？**「ウラヌス」って言葉だけで、アヌスを想像させるようにするのがうまさってことでしょ？
古川　ついライミング優先で口にしてしまったんでしょうね。
宇多丸　**言っちゃってんじゃん！**ってことだからさ。
古川　びっくりしますよね。
高橋　あとね、このアルバムでは他にも『ザ・ズー（The Zoo）』っていう動物園例えの曲もあります。あと他のアルバムには『イン・ザ・キッチン（In the Kitchen）』とかね。**俺のフランスパンが、**とかそういう……。
古川　徹頭徹尾、そのレベルなんですよね。
宇多丸　オヤジの最低レベルの下ネタだよ！
古川　**これならアルバムたくさん出せるよ**って話なんですよ。
宇多丸　♪ウラ〜ヌス、ア〜ヌス！
古川　とにかく他にもいっぱいあるんですよ。
宇多丸　ここまでくるともう**師匠**だよね。
古川　R師匠です。
宇多丸　R師匠！　ヨッ、R師匠!!

物件 07

トレイ・ソングス
『アイ・インヴェンテッド・セックス』
『ストア・ラン』の歌詞
Trey Songz "I Invented Sex(Featuring Drake)" "Store Run"

2005年、名門アトランティック・レコードより「オーティス・レディングの再来」との謳い文句と共に、アルバム『アイ・ガッタ・メイク・イット(I Gotta Make It)』でデビュー。同アルバムでは「クイーン・オブ・ソウル」と呼ばれるアレサ・フランクリン(Aretha Franklin)が賛辞を寄せている。2012年には5枚目のアルバム『チャプター5(Chapter V)』で、自身初の全米アルバムチャート1位を獲得した。

R師匠の魂を受け継ぐ新鋭を紹介します!

高橋　トレイ・ソングス君について、R&Bの女王アレサ・フランクリンいわく、**「歌うわよ〜」**と。**「彼は歌うわよ〜」**と。

宇多丸　本当にそんな言い方してんの？

高橋　おそらく。

古川　しかもトレイ・ソングスはR.ケリーを尊敬しているんですよね。

高橋　そうそう。もう完全に、R師匠フォロワーです。

宇多丸　R師匠はいいメロディーメーカーだし、もちろん歌もうまいし、そりゃ学ぶべきところはいっぱいあるでしょうよ。ただ、その師匠の……大丈夫？　**あそこを学んでないだろうね？**　師匠の下劣なとこ。♪ **ウラ〜ヌス、ア〜ヌスなとこ。**

古川　どうなんでしょうか。これから紹介する曲は、タイトルを言うと、『アイ・インヴェンテッド・セックス』。

宇多丸　これどういう意味ですか？

高橋　**「俺がセックスを発明した」**

宇多丸　でかく出たね〜。

古川　そのサビに当たる部分を紹介します。

ガール、思っちまうだろうな
ガール、思っちまうだろうな
ガール、思っちまうだろうな
ガール、思っちまうだろうな
ガール、俺がシーツの上に寝て
キミが上に乗る
ガール、思っちまうだろうな
ガール、思っちまうだろうな
ガール、思っちまうだろうな
ガール、思っちまうだろうな
セックスを発明したのは俺だって
思っちまうだろうな
セックスを発明したのは俺だって
思っちまうだろうな

トレイ・ソングス『アイ・インヴェンテッド・セックス』より

宇多丸　引っ張るねぇ。引っ張ったねぇ。

古川　中身のないことを延々と引っ張りましたねぇ。

宇多丸　まず、さっきから何度か出てくるけど、そのさ、**「ガール」？**　がイラッとさせるね！

古川　これは、どういうことを伝えたい歌詞なんですか？

高橋　これも一種のセルフ・ボーストですね。自慢ですよ。「俺のセックスはすごすぎて、俺がセックスを発明したと思っちゃうだろ？」ってこと。

宇多丸　要は**「こんなの初めて！」**ってことでしょ？　真のセックスと呼べるものを初めて経験しちゃった、と。これがセックスだったのね、と。あなたが！　真の！

古川　セックスの発明者だと！　君は思うハズ！

宇多丸　でもさ、基本、**男マグロなんですよ、**こいつ。

高橋　アハハハハ！

宇多丸　確かに、昨今は受け身の男性が多いと聞きますよ？　だからきっと、このトレイ君もね、シーツに寝っ転がって上に乗っからせといて、**「いや〜俺のセックス、いいって思っちゃうと思うよ〜！」**っていうね。他力本願ですよね。

高橋　この曲、R&Bチャートで1位を取りました。

古川　ポップチャートは？

高橋　**ポップチャートでは最高42位です。**

古川　ドン引きなんだやっぱり。

高橋　ドン引きですよ。

宇多丸　僕は日頃からJポップの歌詞はもっと攻めてもいいと思ってるけど、やっぱりアメリカでもそこは分離してるのね。エグすぎる歌詞は向こうでもちょっと敬遠されるんだ。

高橋　日本のレコード会社の担当さんと、トレイ・ソングスの今後について話したんだけど、**「そこが課題だ」**って。

宇多丸　でもいかんせん、R師匠のそこを学んじゃったから。

高橋　精神を受け継いじゃったから。

宇多丸　アトランティック・レコードも頭抱えてるだろうね。

高橋　困ってるでしょうね。

宇多丸　セックスを発明したのは自分って、いままでの人類の歴史はなんだったんだ！　ってことだもんね。押尾学の名言とされる、**「オマエらの彼**

女がオマエらと付き合ってんのは、俺と付き合えないからだ」**っていうのもちょっと思い出しますよね。

古川 **押尾かトレイか**ってことですよね。

宇多丸 押尾かトレイかってすごいカマシだよね。いいですねぇ。

古川 そして最後に紹介するのがトレイ・ソングスの、まず曲名だけ先に言っちゃいますね。07年リリースの『ストア・ラン』という曲です。言わば**この曲があったからこの企画ができたぐらいのボム**、つまりものすごく素晴らしい曲が発掘されたと。

宇多丸 これは世に問うべきだ! と。

古川 『ストア・ラン』の前提の説明だけしちゃいますね。

髙橋 ホントにいい曲なんですよ〜。

古川 まずイントロでは、トレイ・ソングスが彼女と電話をしていて、コトに及ぼうと思ってるんです。

宇多丸 ちょっと待って、コトに及ぶ寸前の話ね。タイトルが『ストア・ラン』だから、ちょっと**もう嫌な予感がしてるんだけど。**

古川 金曜の夜にソファでリラックスしながら彼女と電話して、会う段取りをつけて、という展開のあとからの歌詞をまとめて聴いてもらおうかな。まずはサビの前に転調するブリッジと呼ばれる部分なんですけど、彼の生々しい思いが表現されているので、聴いてみてください。どうぞ。

彼女もオレもしたいのは山々だけど、
オレに用意がなかったんだ
生でする寸前まで行ったけど、
そこで2人とも怖気づいた
彼女は言ったよ、
さすがに妊娠はカンベンって
飛び起きて服を着たオレ
もう少しでモノにできたのに、
店まで走らなきゃ

トレイ・ソングス『ストア・ラン』より

宇多丸・高橋　アハハハハ！

古川　で、このまますぐフックにいくんで。それを聴いてください、どうぞ。

さっくり店まで行ってくるよ、
カウンターに売ってる
3個入りのアレを
速攻で店までゴー、
30分以内には戻ってくるからさ
さっくり店まで行ってくるよ、
ゴムが必要なのに切らしてたオレ
待っててくれ、
暖かくしておいてくれよ、
さっくり買ってくるから

トレイ・ソングス『ストア・ラン』より

宇多丸 **やっぱな！** 案の定こんなことだと思ったよ。『ストア・ラン』って「店に走る」って意味だったんだ。
高橋 そういうことです。
古川 これは歌詞自体も面白いんですが、**翻訳マジック**も多分にありそうですね。
宇多丸 **「さっくり」**っていうのが効いてますね！ これ、元はどんな英語なの？
古川 「さっくり」という言葉に相当する語句は、**ないです。**
宇多丸 **超訳だ！**（※注：80年代、アカデミー出版が主にシドニィ・シェルダンの著作を大胆な意訳で売り出したときのキャッチフレーズ）
古川 シドニィ・シェルダン方式です。
宇多丸 訳してる人が共感したんだろうね。**こういうこと、あるね！** みたいな。
高橋 素晴らしい訳ですね。**「3個入りのアレ」**っていうのもいいよね。
古川 この前の**「さすがに妊娠はカンベン」**っていうのも個人的には好きですね。
宇多丸 でもさ、日本人の感覚からすると、この曲みたいなメロウな曲調にこういう歌詞を乗せる神経は分かんないよね。このメロディーで、コンドーム買いに走る曲って、ねぇ。
高橋 彼はR師匠よりもさらに、ラッパー的なメンタリティが強いアーティストなんですよ。だから歌詞の作り方も……。
宇多丸 ストーリーテラーというか、**何より面白い話をするのが優先**っていう人なんだ！
高橋 まさにそのとおりなんですよ。
宇多丸 なるほどね。
古川 そしていよいよアウトロです。

分かってる、分かってる、
きちんと考えておくべきだった
でもまさか、
キッチン・フロアでこうなるとは
思わなかったんだ
問答無用さ、
今のオレは父親になどなれない
それに安全第一だしな、
ガール、
エイズの心配だってあるしさ

トレイ・ソングス『ストア・ラン』より

古川　**アウトロにしては長い話だなあ。**

宇多丸　今日ずっと聴いてきて、基本的にみんな共通するのは、くどくどくどくど言い訳がましいってことですね。

古川　あと基本的に男性が受け身。

宇多丸　受け身だし、**卑怯！**　アメリカのラップの歌詞でもよくあるじゃない？　妊娠させちゃったのに父親が責任取らない、みたいなの。「男はダメ」っていう、そういう１つのジャンルが透けて見えてこない？

古川　「男はダメ」というニーズが、女性客を中心に確実にある、と。

宇多丸　「そーよ、そーよ！」って。リアリティあるんだろうね。でもさ、一生懸命ゴム買いに走ってくる、これは誠意のある行動だよね。無責任なセックスをしないってことだから。

古川　ちょっといい話ですもんね。

髙橋　実際、このアルバムが出るときにトレイ君が来日して、レコード会社で内輪の試聴会をやったらしいんです。で、この曲を紹介したときに、トレイ君は「共感できるだろう？」って言ったんだけど、レコード会社の人達は、**みんなドン引きだった**そうです。

古川　いい話だけど、歌にしなくても……ってことなのかな。

宇多丸　トレイ君って幾つぐらいなの？

髙橋　1984年生まれだから20代前半？（※注：2009年の放送時点で25歳）

宇多丸　まだ若いんだ。だからやっぱり、こういう歌詞がリアルにあることなんだろうね。でも、なんか分かる気もするのよ。女の子とついにコトをいたす段階になった、でもゴムがない、買いに走るって、ウザいんだけど、同時に走ってるとき**ちょっと顔が笑顔で……**。

古川・髙橋　ああ〜……。

宇多丸　**人生の中でも、結構いい焦りっていうか。**

古川　**誠意見せてるぜ感ね。**

髙橋　実際YouTubeでも、この曲のコメントは「Beautiful!」とかね。

古川　**「LoL」じゃなくて？**

宇多丸　でもやっぱり、いい場面じゃね？　って感じしてくるもんね。

髙橋　「One of the greatest song ever」というコメントまである。

宇多丸　そこまで!?　すごいなぁ〜。

髙橋　こんな歌詞の曲でも、名曲はあるぞってことですね。

高橋芳朗コラム #1

R.ケリーをより深く知るために
〜自伝／DVD紹介

〈キング・オブ・R&B〉にして〈馬鹿リリックのアイコン〉、R師匠ことR.ケリーをより深く知りたいというあなたにおすすめのサブテキストを2点ほど紹介しておこう。

まずは、2012年に刊行されたケリー初の自叙伝『SOULACOASTER R.ケリー自伝』(SPACE SHOWER BOOKS刊)。これはケリー本人とアメリカ人作家のデイヴィッド・リッツとの共著で、リッツはこれまでに『マーヴィン・ゲイ物語 引き裂かれたソウル』(P-Vine BOOKs刊)や『アレサ・フランクリン リスペクト』(シンコーミュージック刊)などを執筆してきたミュージシャン伝記本の大家といえる存在だ。

リッツの活動は作家業のみにとどまらず、ケリーにも少なからぬ影響を与えているであろうマーヴィン・ゲイ(Marvin Gaye)の性愛路線の到達点となる名曲『セクシャル・ヒーリング(Sexual Healing)』(1982年)の作詞も手がけていたりする。映画『シェフ 三ツ星フードトラック始めました』(2014年)でジョン・ファヴローとジョン・レグイザモが大合唱して子供をドン引かせるあのあけすけなエロ描写に一枚噛んでいる男であることを考えると、リッツはケリーの自伝の共著者としてうってつけのキャリアの持ち主といえるだろう。

本のタイトル『SOULACOASTER』はお察しのとおり〈soul〉(魂)と〈rollercoaster〉(ジェットコースター)を掛け合わせた造語で、ここにケリーが託した意図については第1章の序文ですぐに明らかになる。

「生まれてからというもの、俺の魂(ソウル)はずっとジェットコースターに乗っているかのようだ。上ったり下ったり、回転したりターンしたり、笑ったり叫んだり、微笑んだり泣いたりしてね。ときどき、自分に問いかけることがある。『このジェットコースターはいつ止まるんだろう。もしかしたら、このままずっと止まらないんじゃないだろうか?』」

そして、ケリーはこう続ける。

「このソウラコースターに俺と乗り込

む前に、1つ言っておくべきことがある。どれだけ速度が速くても、どれだけ高く上昇しても、どれだけ低く落下しても、しっかりと掴まっていてくれ」読む者を一気に引き込む、この完璧なイントロダクション。シカゴのストリートから成り上がって幾度かの挫折や凋落を味わいながらもR&Bシーンの頂点へと上り詰めていく、ケリーの波乱万丈の半生がドラマティックな筆致と共に紬かれていく内容は、450ページのヴォリュームもさほど気にならないほどに読み応えがある。
なにぶん謎の多いケリーであるからして、ファンにとってはお宝エピソードの連続だ。母ジョアンをめぐる生い立ちの秘密、前妻アンドレアとの結婚生活と離婚に至る経緯、音楽業界に激震が走った児童虐待容疑の真相。そして、〈MJ〉と題された章で綴られるマイケル・ジャクソン(Michael Jackson)との回想録。「少なくとも8フィートはあるように見えた。神の化身(アバター)かと思った」と振り返るマイケルとの邂逅からあの『ユー・アー・ナット・アローン(You Are Not Alone)』のレコーディングへとなだれ込んでいく場面の臨場感あふれる語り口は、まちがいなく本書のハイライトだろう。
もちろん、馬鹿リリック的な観点からしても興味深い逸話は少なくない。ケリーのセックス路線の出発点である初のソロ・アルバム『12プレイ(12 Play)』(1993年)のコンセプトは、「マーヴィン・ゲイやテディ・ペンダーグラス(Teddy Pendergrass)を聴いていると子作りしたくなるわ!」という母親と彼女の友人の会話がヒントになっていること。「食べ物とセックスという人間の2つの楽しみを結合させることに成功した」と自画自賛する『セックス・イン・ザ・キッチン(Sex In The Kitchen)』(2005年)は、「児童ポルノ裁判を有利に進めるために音楽は保守的な内容にしてほしい」という弁護士への反発から生まれたものであること。また、数々のコミカルなセックス・ソングについて言及した次のコメントには、ケリーの歌詞に対するスタンスが実に明快に示されている。
「ある意味、俺は本気で大真面目なんだ。俺は人を笑わせて、愉快な気分にさせるのが好きだ。教会に行って、牧師のお説教を聞いて笑うことがなかったら、きっとその教会の信者になることはないだろう。冗談の1つや2つは必要なんだ。人々をとどまらせるためには何かをやらなくちゃいけない」
ちょっと脱線するが、〈飛翔〉と名づけられたチャプターで1章まるごと費やして語られているケリーの代表曲、グラミー賞で3部門を受賞した『アイ・ビリーヴ・アイ・キャン・フライ(I Believe I Can Fly)』(1996年)と、第87回アカデミー賞で作品賞など4冠に輝いた映画『バードマン あるいは

（無知がもたらす予期せぬ奇跡）』（2014年）との関係について少々。実はこの映画の劇中、エマ・ストーン演じるサラのセリフにR.ケリーが登場するのだ。

「It's not a good thing you're an actor and not a writer cause that little speech was just like, Oprah, Hallmark, R. Kelly bad」

これはエドワード・ノートン演じる役者のマイクがやさぐれたサラに対して「君は特別なんだ。俺には本当の君が見える。イカレてるけど魅力的で、どんなに暴走しても美しい」と掛けた言葉への返答になるのだが、字幕では「役者で良かったわね。脚本家だったら売れないわ。低俗なトーク番組かグリーティングカード、ダサい歌詞みたい」と意訳されて固有名詞はすべて端折られていた。

陳腐なものの代名詞として、『オプラ・ウィンフリー・ショウ』（アメリカの人気長寿トーク番組）で語られるお涙頂戴の美談やホールマーク（世界最大級のグリーティングカード専門メーカー）のグリーティングカードに書かれたメッセージと共にR.ケリーの歌詞が引き合いに出されたのにはちょっと驚いたが、ここでのケリーの引用は実は映画のエンディングの伏線になっているのではないかと考えている。

なぜなら、ここで対象にされているケリーの曲は一般性や歌詞の内容からいって間違いなく『アイ・ビリーヴ・アイ・キャン・フライ』（僕は飛べると信じている）。そして『バードマン』のラストにどういう結末が待ち受けているかというと……ネタバレになってしまうのでこのへんにとどめておくが、映画をご覧になった方であればきっと合点がいくはずだ。あながち的外れな指摘ではないと思っているのだが、監督で脚本も手がけたアレハンドロ・ゴンサレス・イニャリトゥがどのような意図でケリーを引用したのか、真相が気になるところではある。

閑話休題。自伝『SOULACOASTER』に続いてもう1点、今度はR.ケリーの映像作品を。

日本国内でリリースされているケリーのDVDとしては、代表曲のミュージック・ビデオをコンパイルした『グレイテスト・ヒッツ・ビデオ・コレクション（The R. In R&B - The Video Collection）』（2003年）、2006年の全米ツアーの模様を収めた『ライヴ！ ザ・ライト・イット・アップ・ツアー（Live! The Light It Up Tour）』（2007年）などがあるが、馬鹿リリックを通じてケリーに興味を持った向きに強く推薦したいのが、ドラマ仕立てのミュージック・ビデオ『トラップト・イン・ザ・クローゼット（Trapped In The Closet: Chapters 1-12）』（2005年）だ。

これはアルバム『TP.3リローデッド

(TP.3 Reloaded)』(2005年)に収録されていた5つのチャプターからなる大作『トラップト・イン・ザ・クローゼット(Trapped In The Closet)』を12編に拡大して映像化したもの。ソープ・ドラマ(メロドラマ)風の愛憎劇を主演のケリーが淡々と進行／状況説明していくという非常にシンプルな構成ではあるが、こいつがめっぽう面白い。ケリー演じる主人公がクラブで知り合った女性の家で一夜限りの情事を楽しんでいると、実は彼女は既婚者で運悪く夫が帰宅。慌ててクローゼットの中に身を潜めるも、突然ポケットの携帯電話が鳴りだして……という怒涛の展開で幕を開けるストーリーは、当時大ヒットしていたTVドラマ『24 -TWENTY FOUR-』に倣ったような息もつかせぬクリフハンガー(次回に興味を持たせる場面で終わる連続ドラマの作劇手法)の雨あられ。間男が運命に翻弄されていくさまは、よくできた現代落語を聴いているような小気味よさもあって、全12編、あまりの超展開に可笑(おか)しみを覚えながらもぐいぐいと物語に引き込まれていく。

『トラップト・イン・ザ・クローゼット』の怪作ぶりはたちまち評判を呼び、DVDリリース直後の2005年11月にはアメリカの人気TVアニメ・シリーズ『サウスパーク』がずばり『Trapped In The Closet』と題したパロディ・エピソードを放送。サイエントロジーを徹底的に茶化した過激な内容(クローゼットの中に閉じこもってしまったトム・クルーズをニコール・キッドマンやジョン・トラボルタが説得して連れ出そうとする、なんとも馬鹿げたストーリー。R.ケリーも交渉人の1人として登場)は、以降の『トラップト・イン・ザ・クローゼット』のカルト化に拍車をかけることに繋がった。

その後、当初から『トラップト・イン・ザ・クローゼット』を全30話で完結させる構想を明かしていたケリーは、2007年に予告どおり続編の『続・トラップト・イン・ザ・クローゼット(Trapped In The Closet: Chapters 13-22)』をリリース。さらに5年の歳月を経て、2012年にダウンロード配信で完結編となる『Trapped In The Closet: Chapters 23-33』(国内未発売)を発表している。正直、回を重ねていくごとにテンションが落ちているのは否めないが、このシリーズが「俺は本気で大真面目なんだ。俺は人を笑わせて、愉快な気分にさせるのが好きだ」というケリーのエンターテインメント精神を象徴する作品であることは間違いない。

第2章
R師匠、絶好調編

**2009年12月19日放送
「本当の本当にウットリできないR&B歌詞の世界！
R&B馬鹿リリック大行進！PART2」**

物件 01

R. ケリー
『アンタイトルド』の歌詞
R. Kelly "Untitled"

1992年、『ボーン・イントゥ・ザ・90's (Born Into the 90's)』でメジャー・デビューした、名実共に現代アメリカR&Bを代表するシンガー／ソングライター／プロデューサー。マイケル・ジャクソン (Michael Jackson) の全米ナンバーワンシングル『ユー・アー・ナット・アローン (You Are Not Alone)』の作詞・作曲などを筆頭に大物アーティストのヒット曲も手がけ、プロデューサー／ソングライターとして、数多くの全米大ヒット曲を世に送り出している。

宇多丸　この「馬鹿リリック大行進」、第1弾が大好評ということで、ついに第2弾が始まってしまいました！　だけど今回はどうですか？　**ぶっちゃけ、下ネタのほうは。**

高橋　すっかり下ネタ頼りの番組になっちゃって。

宇多丸　いやいやいやいや。

高橋　前回の反響がスゴくて、レコード会社でR&Bを担当なさっている方からも相当反応がありました。特に「**さっくり**」でお馴染のトレイ・ソングス(Trey Songz)さん。

宇多丸　コンドーム買いに走る彼だ！

高橋　ちょうどあの特集の直後にトレイ・ソングスさんが来日していたということで、彼の担当の方が**勝手に番組のジングルを録音してきちゃいまして……。**

宇多丸　マジで!?

高橋　マジです！

宇多丸　彼はこの番組でどういう扱い方をされてたか知ってるの？

高橋　全然知りません。

一同　アハハハハ！

古川　ではさっそく、そのいただいてきたジングルを聴いてみましょう。どうぞ。

PLAY!

♪ TBS Radio 954～
（BGM：トレイ・ソングス）

トレイ・ソングス
「Wassup baby!
This Trey Songz,
You listening to Utamaru
Weekend Shuffle,
I'd like to thank y'all for rocking my record, "I Invented Sex".
ガール オモッチマウダロウナ」

一同　アハハハハ！

古川　最後にちょっと聴き取りづらいカタコトのセリフがあったと思うんですが……。

宇多丸　あれ、何？　なんて言ってたの？

高橋　「ガール　オモッチマウダロウナ」。

宇多丸　これ、自分の歌詞の日本語訳だっていうのを分かったうえで言ってるの？

高橋　**全然分かってなかったみたい。**

宇多丸　ひでえな！

古川　何度も言い間違えながら、頑張って録(と)ってくれたみたいですよ。うれしいですよね。こちらとしては「**さっくり**」とかで**全然構わなかったんですけど。**

宇多丸　まあまあ。でも、すごいことじゃないですか！　うちの番組の初の海外アーティストですよ。**しかもダマシ！**

古川　気まずいですよね、ちょっと。

高橋　まあ、ダマシっていうか、向こうが勝手に送りつけてきただけだから。

古川　というわけで、レコード会社の人間やアーティスト本人まで巻き込んでいくこの特集。その続編をやるなら今夜しかない、というタイミングでして。

宇多丸　あ、緊急特集？

古川　緊急特集です。なぜならば前回の後半、リスナーの関心をさらっていったR.ケリーさん改め、この番組においては……。

宇多丸　**R師匠！　よっ、R師匠!!**

古川　を、無事襲名なさった……。

宇多丸　**「♪ウラ〜ヌス、ア〜ヌス！　ウラ〜ヌス、ア〜ヌス！」**

古川　これ聴いてるみなさん、彼が来日したとき、ライブでこういうコールをするのは本当にやめてくださいね。

宇多丸　ライブ会場で**「よっ！　師匠！」**って。

古川　ホントに周りが混乱しますから。で、そんな師匠の最新アルバム、その日本盤が今年（※注：放送当時の2009年）の12月9日に発売されたんですね。

宇多丸　どうなんですか？　今回は。さすがの師匠もね、いい加減**いいトシこいてますから。**もうそろそろ下ネタは卒業的な？

高橋 その可能性もあると思って、前みたいに特集できるかどうか、いち早く対訳を取り寄せてチェックしてみたんですよ。それで最初の2ページを見て、「**いける！**」って。

宇多丸 アハハハハ！

高橋 それをそのまま添付ファイルで古川君に転送して、そしたら……。

古川 「**いきましょう！**」。

宇多丸 でも今回、アルバムのタイトルが『**アンタイトルド**』でしょ？「無題」ってタイトルなのに、そんなにさっぱりしてないんだ？

高橋 これ、あんまり意味ないと思う。

宇多丸 そうなの？

高橋 だって「タイトルはファンにつけてほしい」ってコメント残してるくらいだから。

宇多丸 あ、その状態？ なげやり？

古川 **じゃあ我々が師匠と呼ぶのは基本的に間違ってない……？**

宇多丸 いや、そこは別に一致してないだろ！

古川 今回のアルバムは何枚目になるんですか？

高橋 14枚目かな。

宇多丸 もちろんアメリカではバカ売れしてるわけですよね？

高橋 そうですね。捨て曲なし、曲順も含め、すべてに意味があるそうですよ。

宇多丸 **そんなにコンセプトがしっかりしてるのに、なんで『アンタイトルド』なの？**

高橋 いや、多分もう**英語分かんなくなっちゃったんじゃない？**

宇多丸 そんなことあるかよ！

古川 ともあれ、このアルバムに敬意を示す意味で、今回は1曲目から順に「こういうことを歌ってます」と紹介していこうと思います。

宇多丸 もうさ、これ普通にR.ケリーのアルバム特集じゃない？

古川 そうなんです。

宇多丸 そんなの、そのへんのFM番組とかでもやってるんじゃないの？

古川 実際どこかのFMで何週間か前にやっていたらしいんです。ただまあ、**我々とは切り口がまるで違っていたということなので……。**

宇多丸 そちらは**半笑いではなかった？**

古川 **半笑いではなかったと聞いています。** じゃあ、さっそくいきましょう！

★

古川 　アルバム1曲目。まずタイトルがいいですよ。『クレイジー・ナイト(Crazy Night)』。
高橋 　**アハハハハハ！**
宇多丸 　いや、いいじゃない、これは別に。
古川 　フィーチャリングがR.シティ（R. City）。まあ1曲目なんでね、非常に威勢がいいです。勢いあるなーって感じなんで、その景気のいい歌詞をお聴きください。

早朝4時まで、帰らせない
お勘定は1000ドル、
「なに！」まかせとけ
これで4杯目、
でも特に「酒呑み」ってわけじゃない

R.ケリー「クレイジー・ナイト」より

宇多丸　威勢いいの？　これ。
古川　威勢いいじゃないですか。アルバムの出だしであり、曲の出だしでもあります。
宇多丸　これさあ、前回も思ったけど、**訳し方が面白いんでしょ？**　「『なに！』まかせとけ」とかさ。
古川　まぁ、そうとも言えますよね。

★

古川　アルバム２曲目もいきましょう。タイトルは『エグジット(Exit)』。
高橋　「出口」ですね。
宇多丸　いきなり出口？
古川　女の子を連れてクラブから出ますよっていう歌です。
宇多丸　ああ、その出口ね。クラブの出口に行こうぜっていうことだ。
古川　その流れの中で、「俺はこんな人間でございます」という、師匠の自己紹介のフレーズが飛び出します。**非常に端的な自己紹介です。**聴いてみましょう、どうぞ。

ケリーはセックスのマスターさ

R.ケリー『エクジット』より

宇多丸　**端的だね！**　まあでもさ、セックスのマスターって、それはオレたち知ってるよってことじゃないですか。
古川　師匠のそういう面は十二分に知ってますからね。
宇多丸　思うに、これは訳が「セックスのマスターさ」じゃなくて**「セックスの師匠さ」**だったらよかったんじゃない？
古川　それだったらピンときますね。この番組のリスナー以外はキョトンですけど。

古川　続いていきましょう。次はアルバム3曲目『エコー（Echo）』です。どんな曲なのか、説明をお願いします。
高橋　この前の曲『エクジット』で、クラブで出会った女の子とエクジットを出たでしょ？　それでもう家に連れてきちゃった、という設定です。
宇多丸　あ、ストーリーが繋がってるんだ。
古川　そう、なんとなくだけど流れがある。
宇多丸　『クレイジー・ナイト』で夜遊びに出て、『エクジット』でクラブに行って、女の子ナンパして、連れて帰ってきましたよと。
高橋　そしてもうコトに及んでる。
宇多丸　あ、もうセックス中ですか！
古川　そうです。だんだんこのあたりから師匠が真骨頂を発揮していくので、まずはその**用意周到さ**を確認してください。

上司に電話しておいた、
キミが今日は休むって
朝にセックス、夜までセックス
だからベイビー・ガール、
荷物をまとめて、僕の家においで
朝にセックス、夜までセックス
家に着いても、
ためらわないで、そのまま進んで
朝にセックス、夜までセックス
鍵は開けておいた、
中に入っておいで、ベイビー
朝にセックス、夜までセックス

R.ケリー『エコー』より

宇多丸 あの〜、僕の記憶が正しければ、前にも非常に似たようなことを言ってたと思うんですけど(※P.044参照)。

古川 まあでも師匠、**電話してくれてますから。**

宇多丸 ただ問題は「**なんでアンタがあたしの会社に!?**」ってとこだよね。「アンタなに勝手に電話してんのよ!」ってなるでしょ、これ!

古川 上司も対応に困るでしょうね。

宇多丸 逆に不安にならない? だって「おたくのなんとかさん、今日休みますんで(ニヤリ)」みたいなさあ。

古川 犯罪の臭いが漂ってきますからね。そして、この曲のサビになると、曲名の『エコー』という意味が分かります。

覚悟はできたかい、
声を上げて思う存分あえぐといい
こんな風に、
「ヨーロレイ・ヨーロレイ・イッヒー・ウッフー」
キミがこだまするのを聴きたいんだ
「ヨーロレイ・ヨーロレイ・イッヒー・ウッフー」
キミがこだまするのを聴きたいんだ

R.ケリー『エコー』より

一同　アハハハハ！

宇多丸　えーと、要するに**ヨーデルってことですか？**

古川　そうです。

宇多丸　僕ね、ついこの前も知人とヨーデルの話してたんですよ。「**ヨーデルだけは絶対にカッコよく聴こえねえよな！**」って。だってこれ、ヨーデル的に歌うんですよね？

古川　じゃあ、どんなヨーデル具合かを実際に聴いてみましょう。

♪　『エコー』流れる

宇多丸　ホントにやってますねぇ。

古川　ヨーデル部分は、オートチューンっていう声が裏返って聞こえるような流行りのエフェクターを使ってるんですね。

宇多丸　ヨーデルだけはカッコよくならない派として言いますけど、これどう？ カッコいいの？　**カッコ悪くないの？**

高橋　**人によるかな？**

宇多丸　(歌詞カードを見ながら)ヨーロレイヒー以降も、変なこといっぱい言ってるね！「**まるで山の頂上から、大声で叫んでるようさ**」とか。

古川　例えベタという例の兆候も、この曲あたりから始まってはいるんです、実は。

古川　では続いてアルバム4曲目にいきましょう。これは歌詞は紹介しません。『バンギン・ザ・ヘッドボード(Bangin' The Headboard)』という曲です。これ、どういう意味ですか？

高橋　セックス中にですね、こう、ベッドにあるボード？ そこのところに**女の人が頭をガンガンぶつけてるという……。**

宇多丸　アホですね！

古川　で、次の曲なんですけど……。

宇多丸　あ、この曲の話、**もう終わり？**　でも『バンギン・ザ・ヘッドボード』って危ないですよね、ゴンゴンゴンゴン当たって。イタイイタイイタイ！ 気持ちいい！　**イタイ！　気持ちいい!!　イタイ！　気持ちい**

　　　　　い！　イタイ気持ちいい!!　みたいなことですよね？
古川　それくらいオレは激しいぜっていうアピールですね。
髙橋　そこからのアルバム5曲目。『ゴー・ロウ(Go Low)』という曲です。
宇多丸　「低く行く」??
古川　分かりやすく言いましょうか……**クンニリングスの歌です。**
宇多丸　おっとっと〜。いま、**だいぶさっぱりと言いましたけれども。**
古川　R師匠に勇気をいただきました。それではこの曲の歌詞をチェックしてみましょう。

ガール、
キミの甘い、甘い愛汁をすすりたい
ふんばり時だよ、
いまこそ"12プレイ"をしてあげる
後半戦に突入だ

R.ケリー『ゴー・ロウ』より

宇多丸　下品ですねぇ〜。

高橋　本当に下品。

古川　「ふんばり時」って。

宇多丸　お聞き苦しくて申し訳ございません。でもこれ、**アメリカでもいちばん売れている人が歌っていることですから、しょうがないですね。** ただここで特筆すべきは、訳詞の振り切った下品さですよね。

古川　特にどこのことですか？

宇多丸　**やっぱ「愛汁」ですかねぇ。僕、「愛汁」って言葉を初めて聞きました。** 愛液っていうのは聞いたことありますけど、「愛」と「汁」っていう組み合わせはねぇ……。かつて僕の後輩で**「遊びクンニ」**っていう言葉を開発したヤツがいて。「遊び」って言葉も「クンニ」って言葉も存在するけど、「遊び」と「クンニ」を組み合わせたのは宇宙でヤツが最初っていう。そういう意味で言うと、「愛汁」もなかなかいいですよね〜。（歌詞カードを見ながら）え〜と、これ、原詞だと、**「sweet water」**って言ってますよ？　そんなえげつないこと言ってないじゃん！　「甘い水」でいいじゃん！

古川　でも、言わんとしているのはこういうことですよ、きっと。

高橋　ちなみに"12プレイ"は、昔のR.ケリーの1993年リリースの出世アルバム『12 Play』の引用ですね。『12 Play』はR.ケリーのソロ・デビュー・アルバムで、現在に至る彼の性愛路線の出発点でもあります。

古川　この曲は他にも聴き逃せない箇所がいっぱいありましてね。じゃあ、もう1つも聴いてもらおうかな。

宇多丸　同じく『ゴー・ロウ』からですか？

古川　『ゴー・ロウ』からですね。この曲のサビの部分です。

なかにはぐずぐずしてるヤツや
迷ったまま何もしないヤツもいる
なかには"ズッコンバッコン"だけの男や
前戯だけの男もいる
僕に言わせれば、
まだまだ未熟だね

R.ケリー『ゴー・ロウ』より

宇多丸　余計なお世話ですよね！

高橋　いろいろ例を挙げているのは、自分が過去の曲で歌った男を自分で引用しているんです。

宇多丸　ああそうか、なるほどね！　そういう意味じゃ、うまいっちゃうまいのか。っていうか、そんな歌ばっかり歌ってるんだね。

古川　ではこの曲の最後、**師匠の十八番のエロ例え、**ちょっと聴いてみますか。

宇多丸　よっ、師匠！　**エロ例え!!**

古川　どうぞ！

まるでキミはコーチのようだね、
ベイビー
僕をチームに"入れて"、
僕は"突っ込んで"ゆく
キミの"真ん中"で、ライン越えして
ポイントガードのように、
走り抜けてゆくんだ
ガール、僕の舌は、
アスリートの腕のようさ
さあコーチ、僕の名を叫んでくれ
ぶっ放ってあげるよ
そして勝利は僕らのものさ

R.ケリー「ゴー・ロウ」より

宇多丸 よっ、**例え！　エロ例え師匠！**
古川 バスケを思わせる例え！
宇多丸 これはバスケでいいんですか？
高橋 バスケなのかなあ？
古川 「ポイントガード」って言ってるから、多分バスケなんじゃないですか？ そのあとに**「僕の舌は、アスリートの腕のようさ」**とか言うから混乱するんですけど。
高橋 ちなみにこれ、英語では子供が聴いたらホントにスポーツのことを話してると思っちゃうかもしれないくらい、例えとしてちゃんと筋が通っているらしいですよ。
宇多丸 へぇ～。
古川 **実は本当にバスケのことを歌ってるだけかもしれない。**
宇多丸 まあでもさ、"入れて"とか"突っ込んで"のところを強調してたりするのは翻訳した人のさじ加減だからね。
古川 そして、アルバム前半戦最後の6曲目。これもちょっと飛ばしてしまいますが、**クンニリングスの歌**です。
宇多丸 **またクンニ!?**
古川 **1枚のアルバムにクンニ2曲という快挙を成し遂げてます。**
宇多丸 すごいアルバムだねぇ。
古川 曲名は『ホール・ロッタ・キスイズ(Whole Lotta Kisses)』です。
宇多丸 これは日本語に訳すと、どういう意味ですか？
高橋 「たくさんのキス」とか、そういう意味。
宇多丸 キスっていうタイトルだとキレイですけど、**まあ、クンニだからね。**師匠としては「クンニをちゃんとしろ」ってことを言いたいんじゃないですか？
高橋 実際そうらしいよ。

★

古川 そしてアルバム7曲目は、『ライク・アイ・ドゥ(Like I Do)』という曲です。「僕はドクターじゃない、だから手術して命は救えない」とか、「僕はプロのアスリートじゃない、何マイルも連続では走れない」というような、いろんな職業の例を挙げて、できないことを伝えるラインが続

いて、でもサビでは、「この世界のなかで僕には２つだけ　誰にも負けないことがある、ほんとうさ　まず１つ目が音楽さ　そしてベイビー・ガール　２つ目がこういうことさ　誰もキミのボディを"もの"には出来ない　僕がするようには」と繋げます。

宇多丸　いいじゃないですか！　全然うまいと思いますよ、これ。

古川　ただ、やっぱりR師匠、**踏み外すところ**が出てきます。

高橋　アハハハ！

宇多丸　「アレ？」っていうところがある？

古川　「アレ？」っていうところがありますね。彼がスポーツトレーナーになったところ、どうなるか。注目してください。どうぞ。

キミのトレーナーに、
キミのトレーナーになってあげる
僕のフィットネスクラブへおいで、
ベイビー、鍛えてあげるよ
四つん這いになって、
筋肉をのばして、
「ah... ストレッチ ah... ストレッチ」

R.ケリー『ライク・アイ・ドゥ』より

一同　アハハハハ！

宇多丸　**何を言ってるんでしょうか？**　これは元を辿っても、同じく「ah... stretch, ah... stretch」ですね。このストレッチのくだり、聴いてみたいなあ。

古川　じゃあ、実際にその部分を聴いてみましょうか、どうぞ。

♪　『ライク・アイ・ドゥ』流れる

宇多丸　なるほど、「ah... ストレッチ　ah... ストレッチ」……ってあのさ、**なんの例えなの？　これ。**

古川　例えてはいないですね。

宇多丸　まずさ、いろんな職業になれない縛りだったのに、**フィットネストレーナーになっちゃってんじゃねーか！**　そのおかげで、誰にも負けないことが2つだけあるっていうのも台なし。

古川　でもそれは自業自得だから。

宇多丸　「♪ウラ〜ヌス、ア〜ヌス」に続いて「ah... ストレッチ　ah... ストレッチ」。出ましたね〜調子いいやつが！

古川　エロストレッチ出ましたね。

古川　続いてアルバム8曲目。『ナンバー・ワン（Number One）』という曲で、ケリー・ヒルソン（Keri Hilson）さんという人がフィーチャリングされてます。ヨシ君、どういう人ですか？

高橋　超美人のシンガーです。最初はソングライターとしてすごい売れっ子になったんですけど、2009年にデビューして大ブレイクしました。

宇多丸　アメリカのショウビズ界には、そういう二物を与えられてる人ってたまにいますよね〜。

古川　これは、セックスを例えたデュエット曲なんです。

宇多丸　またセックスですか！

古川　ただ、ケリー・ヒルソンさんが素晴らしいのは、歌詞を読むと分かるんですけど、例えが非常にうまいんです。

宇多丸　ほうほう。

高橋　セックスを車とかドライブになぞらえて歌ってるんだけど。

宇多丸　「私をキャディラックのように扱ってくれる」みたいな？

高橋　まさにそんな感じ。それをセックスという言葉を使わずに、でもセックスをちゃんと連想させるような歌詞になってるんです。

古川　非常に高度ですね。

宇多丸　これかな？　（歌詞カードを見ながら）「いまでもあなたがトップだわ　あたしをベッドに寝かせて、クルマの整備士のように　パーツを剥がしてくれる、キャディラックのように」。

古川　ね？　いいじゃないですか。しかしそれを台なしにしてしまう、**師匠の低例えスキル。**

宇多丸　よっ、師匠！　師匠!!　**エロ例え師匠！**

古川　師匠の台なしぶりをお聴きください、どうぞ。

あの夜
僕の自宅で
コートを着たまま
下は素っ裸
キミとのセックス
僕はやられた

R.ケリー『ナンバー・ワン』より

宇多丸 **語彙が貧弱！**

古川 「下は素っ裸」って。

宇多丸 せっかくここまでいい感じの例えできてたのが、ここにきて**例えゼロ。**俺さ、いままでアメリカのR&Bとかヒップホップでさ、すげーよくできた歌詞とかを聴いて結構ガックリしてたわけ。「すごいレベルだなー、敵わねーなー」って。でもトップがこれなのか！っていうね！

古川 安心した？

宇多丸 安心しましたね〜。

古川 9曲目は『アイ・ラヴ・ザ・DJ (I Love The DJ)』といって、これは色っぽい女性DJがいて、それに僕はムラムラしてるんだって、そういう曲です。

宇多丸 師匠の中では全然そんなのソフトですよね。

古川 で、アルバム10曲目が『スーパーマン・ハイ (Supaman High)』。自分をスーパーマンに見立てた、要はセルフボーストの曲ですね。自分はスゲーんだと。このアルバム9曲目、10曲目は飛ばします。

宇多丸 どうして？

古川 フィーチャリングのラッパーが入っていたり、あとまあ面白いんだけど抜き出してどうこう言う感じでもなかったんで。それで11曲目の『ビー・マイ・ナンバー2 (Be My #2)』にいきます。

宇多丸 そろそろ師匠も下ネタ歌いたいころなんじゃないですか？

古川 この曲はどういう歌詞かというと、キミは僕のナンバー1にはなれないよ、つまり……。

宇多丸 『ビー・マイ・ナンバー2』、つまり**「2号になれ」と。**

高橋 そういうことです。逆はあったけどね、『ボーイフレンド・ナンバー2』（※P.018参照）とか。これはその逆パターン。

宇多丸 はいはい。男性が女性にへりくだるような歌詞も、海外のR&Bだとありますよね。けど、これはもう、上から目線もいいとこですよね。

古川 「お前は俺のナンバー1にはなれない　でもナンバー2として愛してやるよ」っていう、非常に男らしい……。

宇多丸 男らしいの、それ？

古川　「俺クラスのナンバー2になれるならいいっしょ？」ということですよね。そういう男らしい歌詞なんですが、後半、**師匠が何かに非常にビクついている箇所があります。**何かを大変気にしている様子なので、その歌詞を聴いてください。どうぞ。

だからドアを閉めて、
向こう側で、
二人で楽しもうよ
このドアを閉めれば、
向こう側で、
どんなことでも出来るよ
キミの好きなことなら、
どんなことでも、
ドアは閉めてね
そして一晩中、
ドアは閉めて、
向こう側で、ヘイ

R.ケリー『ビー・マイ・ナンバー2』より

宇多丸　アハハハ！　**頼むから、頼むからドアだけは！　ドアだけは閉めておいてください！**　これはやっぱりナンバー1への恐れってことなんだよね？

高橋　そうでしょうね。やっぱり見つかっちゃうと困るので。

宇多丸　（歌詞カードを読みながら）このいけしゃあしゃあぶりもすごいね！
「キミも知ってる、僕にはトクベツな女性がいるんだ
キミの夫には、一生なれない
でも、たとえそうだとしても、世界を分かち合うことは出来る
キミを島々に連れていってあげられるし
そこでくつろぐのもいい、二人きりでね」
「ただ一つだけお願いがある、この関係はヒミツだよ、ガール」

古川　エンジンかかってきた感じするでしょ？

宇多丸　**勝手なことぬかしてるね！**　相変わらず！

高橋　でも人間味があるよね。

古川　ではアルバムの12曲目にいきますか。『テキスト・ミー（Text Me）』という曲ですね。これは簡単に言うとどういう歌ですか？

高橋　**「メールくれ」ですね。**

古川　では、どんなメールをくれと要求しているのか、歌詞を確認しましょう。

宇多丸　どんなメールだろう？

エッチなメールを、返してきてよ
僕をどんな風にしたいか、文字にして
自宅で僕は、パトロンをすすってる
いま一人だよ、
だからベイビー、
ケータイにメールしてきなよ

R.ケリー『テキスト・ミー』より

宇多丸　えらい単刀直入でしたね〜。え〜と、淫らな文面を打ってこい、みたいなことですか？

高橋　そういうことですね。

古川　**あくまでこちらは待つ側**というのも定番ですね。ちなみに歌詞の中に出てくる「パトロン」というのはテキーラの名前です。あと、この曲には他にも気になる箇所があって、師匠からある非常に詳細な要求が突きつけられますので、それもご確認ください。どうぞ。

僕の家に、7時に来なよ
7時から10時まで、抱いてあげるよ

R.ケリー『テキスト・ミー』より

一同　アハハハハ！

宇多丸　これさあ、**さっきのナンバー２（『ビー・マイ・ナンバー２』）の続きじゃねぇの？** 明らかに誰かに怯えてるだろ！

高橋　後ろがつかえてる感じ。

古川　時間指定が宅配便並みに細かい。

宇多丸　言い換えればこれは「頼むから10時になったら帰っておくれ」ってことだもんね。

古川　ちなみに元は「seven to eleven」で、11時なんですよ。要は"セブンイレブン"で韻を踏みたいんですね。

宇多丸　ああ、なるほどね……そこはぜひ訳詞にも反映してほしかったところですね。

★

古川　さて、ここからアルバムも終盤。ですが、13曲目『リリジャス（Religious）』と14曲目『エルスホエア（Elsewhere）』は省略させていただきます。

宇多丸　これはそれぞれ、どういう曲なの？

古川　『リリジャス』は非常にスピリチュアルな曲で、ゴスペル的とも言いたくなるような……。

高橋　もうゴスペルって言い切っていいだろうね。

古川　彼女の中に神様を見いだして、祈りを捧げるという。

宇多丸　ちょっと待ってくださいよ、神っていうのはキリスト教ですよね？　分かりませんけど、いいんですか？ **さっきまで「ah... ストレッチ」とか歌ってた人が。**

高橋　知りません。

古川　14曲目の『エルスホエア』も、自分のもとを去っていった彼女のことを思い出している、非常に優しい歌詞なんです。

宇多丸　R師匠でもそんなこと歌うんですね？

古川　歌うんですね〜。

宇多丸　でもアレじゃない？ **ナンバー２がバレたんじゃないの？**

高橋　それもあるかもしれない。ちょっと反省してるっぽい。

宇多丸　ドア閉め忘れて、7時から11時の間で見つかっちゃって、メールもバ

古川　レちゃって、みたいな。
古川　というように、だんだんクライマックスに向かっていい感じに締めくくるのかと思わせて……。
宇多丸　さんざん遊んできた男が、最後には真実の愛を見つける的な感じでいくと思いきや……。
古川　**思いきや！**　アルバムのオリジナル盤では最後の曲。15曲目、タイトルが『プレグナント（Pregnant）』。**「妊娠」という意味ですが、ん？**って感じ、しますよね？
宇多丸　愛のある妊娠っていうのはもちろん素晴らしいことじゃないですか。ただまあ、いままでの流れもあるし、「妊娠」って曲名がすでにね、**どうなの？**っていう感じがなきにしもあらずですが。
古川　じゃあこの曲の歌い出し兼コーラス。R師匠が何を言っているのか、聴いてください。

ガール、キミを妊娠させたくなっちゃうよ
ガール、キミを妊娠させたくなっちゃうよ
横になって、僕が妊娠させてあげる
お腹をおおきくね
妊娠させてあげる
お腹をおおきくね

R.ケリー『プレグナント』より

宇多丸　求愛なのは分かるけど、にしても**言葉を選んだほうがいい！**　ホントに！「プレグナント」の連発は、英語的な感覚でいってもさすがに結構キテるでしょ？

高橋　アメリカ人もこんな口説き方はしないと思いますよ。

宇多丸　ただ、これあとのほうの歌詞を読むと、遊び人だった俺が、普段だったら一晩で終わりだけど、こんな気持ちは初めてだと。お前は一生過ごしたい存在だっていう、一応ストレートなプロポーズに近い曲なんだね。

古川　ただこの曲も、後半にやっぱり師匠、**疲れてきたと思われる非常に雑な例え**が登場します。

宇多丸　師匠！　よっ、師匠！　エロ例え師匠！　**雑なエロ例え師匠！**

古川　じゃあ、師匠の雑なエロ例えをお聴きください、どうぞ。

ただキミのオシリに、
渇望しちゃってるのさ、ベイビー
全部キミのせいだからね
もう丸太のように硬くなっちゃってるよ

R.ケリー『プレグナント』より

一同　**ひどい！**
古川　「丸太のように硬くなっちゃってるよ」ってなぁ……。
高橋　そのままだね。
宇多丸　すごいね！　**結局ストレートに性欲の話になっちゃったっていうね。**それまでわりとロマンティックなこと言ってるはずだったんだけどなぁ。
古川　しかも最後はやっぱり君のせいっていう。
宇多丸　またかよ！　前回の『スリー・イズ・ザ・ニュー・トゥー』(※P.026参照)と同じく、人のせいにするパターンね。
高橋　言いくるめて3Pしたアレです。
古川　あくまでそっちが言い出したことなんだと。悪いのは自分じゃないぞという。
宇多丸　どんだけ都合いい話なんだ！っていうね。

古川　これでアルバムがひととおり終わり、日本盤には最後にボーナストラックとして『フォーリン・フロム・ザ・スカイ(Fallin' From the Sky)』という曲があるんですが、これは日本独自で付け足したということもあって、流れ上はまったく関係がないです。
宇多丸　まあでもアルバム全体でいうと、クラブに出かけてナンパしてセックスして、そのセックスも**クンニを丹念にして**、途中で若干スピリチュアルな気持ちにもなるんだけど、**最終的にはやっぱり股間には勝てなかった、**キミを妊娠させたいんだ、というコンセプトアルバム。タイトル『アンタイトルド』。これ、だからアレじゃないすか？　水泳の北島康介選手的なことだったんじゃないですか？　無題というよりは、**「なんも言えねぇ」的な意味で。**
古川　あ、そっちか！
宇多丸　**「お前のケツ見るとなんも言えねぇ」。**そういうことだったんじゃないですかねぇ。
高橋　なるほどね。
古川　そうかもしれませんね。

WEEKEND SHUFFLE

物件 02

ザ・ドリーム
『スウェット・イット・アウト』の歌詞
The-Dream "Sweat It Out"

2007年、リアーナ(Rihanna)の楽曲『アンブレラ(Umbrella)』のプロデュースを手がけ、ビルボード・ホット100で7週連続1位の大ヒットを記録。同年、シングル『ショウティー・イズ・ア・テン(Shawty Is A 10)』でデビュー。他にもメアリー・J.ブライジ(Mary J. Blige)の『ジャスト・ファイン(Just Fine)』など、数多くのヒット曲の楽曲提供でも知られている。

古川　では、ここからはR師匠の遺伝子を継ぐ者たちを紹介します。これだけお盛んな人ですから、**そりゃ遺伝子はあちこちに散らばっている**ということで。まずは1人目のアーティストから。

高橋　ザ・ドリーム（The-Dream）という人なんですが、実はさっきのR師匠の『プレグナント』にも参加していました。2007年のリアーナの『アンブレラ』とか、2008年リリースのビヨンセ（Beyonce）の『シングル・レディース（Single Ladies）』など、全米ナンバーワン・ヒット曲を次々と手がけている、いま、いちばんイケてるプロデューサーです。そんな彼が2009年に出したアルバム『ラブ vs マネー（Love vs Money）』からの楽曲を聴いていただきましょう。

宇多丸　「ラブ vs マネー」なんて、いい問題提起じゃない。

古川　さて、どうでしょうか。紹介するのはアルバムの6曲目、『スウェット・イット・アウト（Sweat It Out）』という曲です。

宇多丸　これってどういう意味なの？

高橋　「汗をかかせる」みたいな感じ。

宇多丸　汗をかかせちゃうんだ！

古川　出だしがいきなり、「ガール、美容師のティーシャに電話しろよ　君の髪の毛はこれからグシャグシャになるだろうから」です。

宇多丸　あ〜、若干下品ながらも、ややうまさは残してるって感じですね。

古川　ただ、R師匠の遺伝子も、これから紹介するようなところにバッチリ残っています。**非常に要求が端的というか、**自分がやりたいことは明確に口にするという。

宇多丸　**要求ははっきり口にする！**

古川　その意志の強さをお聴きください。

ガール、君の体でお医者さんごっこ
するのが待ちきれない
それが俺のやりたいこと

ザ・ドリーム『スウェット・イット・アウト』より

宇多丸 **アメリカ人はまず最初に言いますよ、こういうことを！** まずこれが欲しいんだっていうことをちゃんと言います。それでNOならNOでまた話を始めよう、ということですね。実にアメリカらしくていいと思います。
高橋 ちなみにお医者さんごっこは「play doctor on your body」です。
宇多丸 へぇ〜。

物件 03

ジェレマイ
『バースデイ・セックス』の歌詞
Jeremih "Birthday Sex"

デフ・ジャム・レコードのトップであるL.A. リード（L.A. Reid）の前で歌声を披露し、その歌唱力と音域の広さに、デフ・ジャムからのリリースが即決。こうして2009年、シングル『バースデイ・セックス（Birthday Sex）』でデビュー。たちまちR&B/ヒップホップチャートで2週連続1位を獲得し、ビルボード・ホット100でも4位を記録した。

The Island Def Jam

R師匠の遺伝子、2人目ですか！

ものすごくヒットしたんですよ。

古川 続いて、最新のR師匠の遺伝子を受け継ぐ者を紹介しましょう。

高橋 師匠と同じシカゴ出身のジェレマイという男性シンガーです。2009年にデビューして、これから紹介する曲は2009年を代表するR&Bヒットと言っていい曲でしょう。

宇多丸 そうですか。

高橋 これもう、タイトル言っちゃおうかな？

古川 タイトルまんまのサビなんで、タイトルを言ったら間髪入れずに紹介しますよ。

高橋 タイトルは……『**バースデイ・セックス**』。

宇多丸 アハハハ！

古川 ではどうぞ。

キャンドルやケーキなんて要らない
ただ君を抱けるなら
バースデイ・セックス、
バースデイ・セックス
(一年で最高の日)
バースデイ・セックス、
バースデイ・セックス
(誰にも渡さない、突かせて、
君のGスポット)

ジェレマイ『バースデイ・セックス』より

宇多丸　バースデイ・セックスは別にいいですよ、そこはいいんだけど、最後の最後で本当にガッカリすること言ってくれますよね〜。

一同　ウフフフフ。

宇多丸　あとさぁ、思うに**そもそもセックスって言いすぎじゃん？**

高橋　アハハハハ！

宇多丸　セックスの歌でもいいんだけど、でも歌ってそれをどう言い換えるかなんじゃないの？

高橋　はいはい。

宇多丸　なんか師匠以降、**「言ってよし！」みたいな風潮ない？**

古川　確かにね。でもこのジェレマイ君は師匠に比べて若いし、まだ21歳ですからね。師匠にはない若さを感じられる、いいフレーズもあるんで、そこを聴いてください。どうぞ。

色っぽいね、君のジーンズ、
僕は一気に立ってしまう
1・2・3（ディンッ）

ジェレマイ『バースデイ・セックス』より

一同　アハハハハ！

古川　最悪だ〜。

宇多丸　この「**ディンッ**」っていうのは擬音なわけですよね？　その部分、聴けるかな？

古川　では該当部分を聴いてください。どうぞ。

♪　『バースデイ・セックス』流れる

宇多丸　はいはい、要するにあれですよね？　80年代のテレビドラマ『**毎度おさわがせします**』における、「♪ピロリロリン」の擬音っていうことですよね？（※注：主人公の男子たちが勃起するとチャイム音が鳴る）

古川　『毎度おさわがせします』イズムだ！

宇多丸　アメリカから、まさかの『毎度おさわがせします』オマージュ！

古川　これが今年を代表する大ヒット曲です。

宇多丸　**アメリカ中で聴かれているわけですよね？**

高橋　そうですよ。

宇多丸　**どんなツラして聴いてるの？**

古川　アハハハ！

高橋　全米チャート1位ですよ。そしてこの曲に対するアンサー・ソングがたくさん出たんだけど、やはり**トレイ・ソングスのアンサー・ソングが秀逸で。**

宇多丸　どういう曲なの？

高橋　『ファースト・デイト・セックス(First Date Sex)』。

古川　フフフフフ。

宇多丸　「**オレなんかバースデイまで待たねえよ**」と。

高橋　「いくぜ！」と。

宇多丸　「オマエみたいな玉ナシ野郎と違って、オレは最初からいっちゃうよ！」と。それで「**ディンッだぞ！**」と。

高橋　ちゃんと韻も踏んでますからね。「ファースト」と「デイト」で。

宇多丸　あ、なるほどね。そういううまさもありつつ。

古川　うまいかなぁ？

高橋　できる男です。

宇多丸 できる男、トレイ・ソングス。さすが、うちの番組のジングルを手がけるだけのことはありますね!

高橋 確かに。

一同 アハハハハ!

高橋芳朗コラム #2

R.ケリー最新アルバム
『ザ・ビュッフェ』

R師匠ことR.ケリー（R. Kelly）のニュー・アルバム『ザ・ビュッフェ（The Buffet）』が2015年12月11日、全米でリリースされた。前作『ブラック・パンティーズ（Black Panties）』からちょうど2年ぶり、キャリア通算13枚目のアルバムだ。

馬鹿〈セックス〉リリックここに極まれり、といった感があった大傑作『ブラック・パンティーズ』に続くR師匠の次回作については、以前よりさまざまな憶測が乱れ飛んでいた。当初は、現在に至るスケベ路線の出発点となった初のソロ・アルバム『12プレイ（12 Play）』（1993年）のクリスマス・ヴァージョン『ザ・12ナイツ・オブ・クリスマス（The 12 Nights of Christmas）』のリリースが噂されたが、そのすぐあとには、好評だった『ブラック・パンティーズ』の連作として『ホワイト・パンティーズ（White Panties）』制作の構想がR師匠自身から明かされた。もちろん、本人は大真面目だ。

「音楽だったらどんなことでもできると思えるんだ。なぜなら俺こそが音楽なんだからな」と豪語するR師匠は、さらにハウス・ミュージックに挑戦したアルバムのプランも打ち明けていた。R師匠のホームタウンであるシカゴは、ハウス・ミュージック誕生の地。2014年3月にはハウスの始祖であるDJ／プロデューサーのフランキー・ナックルズ（Frankie Knuckles）が他界しているから、きっとR師匠としてはそのトリビュートの意味を込めてハウス・アルバムの制作を決意したのだろう（ちなみに、シカゴでは8月25日が〈フランキー・ナックルズの日〉に制定されている）。

こうした状況のなか、2015年5月に

なってついにニュー・アルバムのタイトルが正式にアナウンスされる。タイトルは、まあ、そりゃあそうなるだろうという気もするが、『ホワイト・パンティーズ』から改題。新たに『ザ・ビュッフェ』と名づけられた。

〈ビュッフェ〉とは、もちろんみなさんご存じのビュッフェのこと。フランス語の〈buffet〉を語源とするこの言葉は、もともと立食形式の食事、もしくは列車や劇場などの簡易食堂を指すものだったが、そこからやがてセルフサービスの食事形式を意味するようになり、現在では食べ放題を連想させるフレーズとして広く浸透している。

ここで音楽シーン全体に目を向けると、ちょうど時代は定額制音楽ストリーミング・サービスが全盛。R師匠が新作のリリースを公式発表したタイミングは、大本命のApple Musicが始動直前だったこともあり、『ザ・ビュッフェ』というタイトルは、いわば音楽の食べ放題であるサブスクリプション・サービスへのR師匠流アイロニーとも受け取れた。

だが、それは買いかぶりであった。ある意味、自分はR師匠を甘く見すぎていたのかもしれない。R師匠が『ザ・ビュッフェ』というタイトルに込めた真意は、次のようなものだった。

「ビュッフェみたいに誰にでも楽しめる、いろんなタイプの曲が入ってるよ！」

もうこの際、ホワイト・パンティーズだろうがビュッフェだろうがなんでもいいじゃないか――アルバムからの注目のリード・シングル『マーチング・バンド（Marching Band）』には、そう思わせるだけのいつものゲスなR師匠がいた。

「ケツを掴んで／速攻あのスポットを見つける、まるで地図に記しがついてるみたいに／俺の膝の上をビートって呼んでくれ、その上で女がスナップするからな／そのプッシーをイカせまくるのさ、俺の奢りで／Yeah、ここで楽しんでるだけさ／踊って、〈ぶつかり〉合って／ケツがでっかくて、その音がトランペット聞いてるみたいなのさ／俺の顔の上に座って、パ・ラ・ラ・ラン・パン・パン／ケツの頬をクラップして、パ・ラ・ラ・ラン・パン・パン／それで俺が札束バラまくのさ、yeah」

そして、待望のアルバムが到着。おそるおそる蓋を開けてみるが、やはりR師匠はこちらの期待をまったく裏切ることがない。アルバムのイントロダクションとなるオープニング・トラック『ザ・ポエム（The Poem）』から師匠は快調に飛ばしていく。

「2人でここに来れて本当に嬉しいぜ／だってオールナイトでキミのジュースを飲み続けるのさ／「カンパ～イ！」ってな」

だが、『ザ・ポエム』が終盤に差し掛かっ

てきたとき、ちょっと気になる一節が耳に飛び込んでくる。
「イクぜ、ずっと深くまで、ずっと深くまで／もっと深くまで、もっと深く／レモンが甘く感じるまで／食べ放題さ／ステーキからシャーベットまで全部／「ビュッフェ」へようこそ」
『ザ・ポエム』で湧き上がってきた不安は、次の『ポエティック・セックス（Poetic Sex）』で的中する。以下は、同曲のサビの部分。
「ガール、ディナープレートにキミのボディを乗せて／キミのビュッフェ底なしで食べちまうんだ／だって俺すっげぇ腹ペコ／Umm ベイビー、食べさせて／食べ放題で、ベイビー、ahhh」
「キミのビュッフェ底なしで食べちまうんだ」って？〈ビュッフェ〉は〈いろんなタイプの曲が入ってる〉ことのメタファーじゃなかったのかよ！ やはりというかなんというか、事前に掲げたテーマやコンセプトも結局エロに集約させてしまう、安定のR師匠クオリティ。アルバムが始まった途端、こらえきれずに急ハンドルを切ってビュッフェを女体（あるいは女性器）に例えてしまう、R師匠の面目躍如たる堂々のオープニングである。
これに続くのは、まさにこのハチャメチャな展開を受けるのにぴったりなタイトル、〈なんでもアリ〉を意味する『エニシング・ゴーズ（Anything Goes）』。

「だってなんでもアリ／なんでもアリ／双子みたいな女達がいて／ただの親友とか言ってたら／2人共俺が欲しいってのは一目瞭然／ヘネシー100本／飲みすぎだぜ／もう乱交しかやることねぇじゃねぇか」
「プッシーの叫び声だけ聞いていたいんだ」と歌う『レッツ・メイク・サム・ノイズ（Let's Make Some Noise）』、そして先述の『マーチング・バンド』を経て、曲は今回のアルバムで最低の歌詞といえる『スウィッチ・アップ（Switch Up）』へ。トレイ・ソングス（Trey Songz）が『トリガー（Trigga）』（2014年）で打ち出したクズ男路線（※P.198参照）に対抗するかのような非道ぶりに、馬鹿リリックの先駆者であるR師匠の矜持を見る思いがする。
「彼女がファックを拒絶したら、態度急変／彼女の友達に声かけるさ／俺は永久に変わらないぜ、真のある男／彼女の男が現れたら／速攻消えて／『ゴースト』みてぇに再び登場／バックからハードにハメてやるぜ」
そして、この外道すぎる『スウィッチ・アップ』に続く曲として、実の娘アリレイエ（Ariirayé）と共に複雑な父娘関係を吐露し合う『ワナ・ビー・ゼア（Wanna Be There）』を配置してしまうR師匠。「私たちが必要だってパパは言うけど／不信感でパパを信じるのが難しいの」というアリレイエの悲痛

な独白が胸に迫るこの曲、「父親と疎遠になっている女性たち、そして望んでいても子供のそばにいてあげることができない父親たち、双方の気持ちに触れられたらと思ってる」というコンセプト自体は素晴らしいのに、曲順が！　構成が！

そういえば、結果的にアルバムへの収録は叶わなかったが、実はR師匠は2015年4月にボルティモアで起こった人種暴動にインスピレーションを得て、メッセージ・ソング『プラネット (Planet)』を作っている。師匠は暴動勃発直後の5月にラジオ出演したとき、曲の一部を公開しているのだが、馬鹿げたセックス・リリックばかりを歌い続けてきた男ゆえ、曲を紹介するにあたっては当然こういう前置きが必要になってくる。

「『プラネット』はセックスの歌じゃない。タイトルどおり、地球についての歌。いま世界で何が起こっているのか、そういう社会問題についての歌なんだ」

かつて、その名も『セックス・プラネット (Sex Planet)』なる曲で「♪ウラ〜ヌス、ア〜ヌス」と悪ノリしていたR師匠。そんなお下劣な師匠に芽生えた問題意識は、このあとどのような発展を遂げていくことになるのだろう。まさか、次回作は社会派コンセプト・アルバム……いや、ないない！

第3章
眠れる山脈、ネクスト編

2010年6月12日放送
「本当の本当の本当にウットリできないR&B歌詞の世界！
R&B馬鹿リリック大行進PART3　ザ・ラスト」

物件 01

ネクスト
『レイテッド NEXT』『ウエルカム II ネクスタシー』の歌詞
NEXT "Rated NEXT" "Welcome II Nextasy"

リード・ヴォーカルのR.L.、実の兄弟であるT-ロウ（T-Low）とトゥイーティ（Tweety）の3人からなる、ミネアポリス出身のヴォーカル・グループ。97年のファースト・アルバム『レイテッドNEXT（Rated NEXT）』は、アメリカ国内で200万枚を超えるヒットを記録し、シングル『トゥ・クロース（Too Close）』はポップ／R＆Bの両チャートで1位に。2000年、セカンド・アルバム『ウェルカム II ネクスタシー（Welcome II Nextasy）』はゴールド・ディスクを獲得した。

古川 前回の放送は昨年末のスペシャルウィーク（※注：ラジオ番組の聴取率を計測する調査週間のこと）にぶつけたんですよね。

宇多丸 数字、取れたんだっけ？　あのとき。

古川 **そこそこでした。**

高橋 すみません……。

宇多丸 いやいや。

古川 まあ、**数字なんか知るかよってことですから。**

宇多丸 でも間違いなく人気企画ですよ、これ。

高橋 本当？

宇多丸 本当ですよ。**でも、これでラストですけどね。**

高橋 本当に!?

宇多丸 『座頭市』もザ・ラスト、こちらもザ・ラスト（※注：この時期、映画『座頭市 THE LAST』が公開されていた）。

高橋 残念ですね〜。

古川 本当に残念です。

宇多丸 『座頭市』も本当に残念です。

古川 心ないコメントはこの辺にして、本題に入りましょう。前回特集したアーティストがR.ケリーさんだったんですよね。

宇多丸 **よっ、師匠！　R師匠！**

古川 リスナーのみなさん、正当な場所でのR師匠呼ばわりはくれぐれもやめてくださいね。で、そんなR師匠がちょうど昨晩、テレビを観ていて気づいた人も多いと思いますが、2010 FIFAワールドカップ南アフリカ大会の開会式でなんと……。

高橋 **オープニングセレモニーで公式ソングを熱唱！**

宇多丸 ちょっと……大丈夫なんですか？　「**俺のタマがおまえにシュート**」的な下ネタは飛び出さなかったんですか？

高橋 「ah... ストレッチ」とかね（※P.090参照）。

古川 それが、開会式で師匠が歌ったのは『サイン・オブ・ア・ヴィクトリー（Sign of a Victory）』という曲で、どうもそっちの方向ではなかったんですね。なので、いま、**世界的にR師匠の下ネタの需要が高まっている時期**と言ってもいいと思います。

宇多丸 R師匠を見て、みんな「馬鹿リリック聴きてえなぁ〜！」「**♪ウラ〜ヌス、アーヌス聴きてえなぁ〜！**」ってなってるわけだ！

古川　はい。そのニーズに応えるためにも、今夜のこの特集はベストタイミングと言っていいんじゃないでしょうか。

宇多丸　とはいえですよ、R師匠は前回やったし、だいぶいろんなアーティストも紹介してきちゃったから、さすがにもうネタがないんじゃないですか？

古川　それで今回、残念ながら「ザ・ラスト」ということなんです。ただ最後を飾るに相応しい、以前から**「巨大な山脈がある」**という言い方で温存していたあるグループがいるんですが……。

宇多丸　ほうほう。

古川　今夜は、その巨大な山脈をついに紹介することにしました。具体的にどういうアーティストなのか、高橋芳朗さん、紹介してください！

高橋　**ネクスト（NEXT）**というR＆Bヴォーカル・グループです。ミネアポリス出身の3人組で、名実共に90年代を代表するスーパーグループですね。同じ90年代に一世を風靡したヒップホップ・グループ、ノーティー・バイ・ネーチャー（Naughty By Nature）のDJ／プロデューサーである、ケイ・ジー（Kay Gee）が設立したレーベル「ディヴァイン・ミル（Divine Mill）」の第1弾アーティストです。デビュー・アルバムの『レイテッドNEXT』が、アメリカだけで200万枚を超えるセールスを記録しました。

宇多丸　おお、かなり売れていると。

高橋　しかも、このアルバムに収録されているシングル『トゥ・クロース（Too Close）』は、**R＆Bとポップ・チャートの両チャートで1位を獲得。**いままでの傾向としてこのシリーズで扱った曲は、R＆Bチャートでは健闘しても**ポップ・チャートではさんざん、**という感じでしたけど。

宇多丸　ネクストは両方で結果を残している。

高橋　そうそう。4週連続1位とか、本当に売れっ子だったんです。

古川　そんな彼らがノリに乗っていたころの、ファースト・アルバムの『レイテッドNEXT』と、セカンド・アルバムの『ウェルカムⅡネクスタシー』。この2枚に絞って今回は紹介していきたいと思います。

宇多丸　サードはあまり良くないの？

高橋　下ネタ的にはちょっと実りが少ないですね。実際、サード・アルバムを最後に活動が止まってしまっているので。

古川　ネクストが世間に何を求められていたかを、ネクスト自身が見失ってしまった感じなんですよね。なのでこの特集を聴いて、ネクストも初心に返ってもらえたらと思います。

古川　さっそく聴いていきたいんですが、まずは彼らの大ヒットしたファースト・アルバム『レイテッドNEXT』の事実上1曲目、ナンバーワン・ヒットの『トゥ・クロース』の出だしからチェックしてみましょう。彼らの代表曲でもあるんですが、この曲では文字どおり、歌い出しの部分からやってくれてます。さっそくどうぞ！

彼女は気づいてるのかなぁ、
今、カタくなってるってこと、フム
Yeah、さぁおいで、僕のために踊って
Yeah、いけね、今の感じた？

ネクスト『トゥ・クロース』より

宇多丸　**何言ってるんだか、さっぱり分かんないんだけど？**
古川　1曲目の出だしですからね。
宇多丸　基本的には「もう勃っちゃってるよ」と。「**ピロリロリン！**」ってことですよね（※P.117参照）？
高橋　「トゥ・クロース（近すぎる）」っていうタイトルは、つまりそういう意味です。
宇多丸　「そんなに近寄られちゃうとドキドキするよ」じゃなくて、「そんなに近寄られると**勃っているのがバレちゃうよ**」ということなんだ！
高橋　しかもこの曲、女性が合いの手を入れてきます。
古川　その合いの手部分も見てみましょう。

もっと離れて踊って、
少しくっつきすぎよ
あなたの一部分が、
もりあがるのを感じるから

ネクスト『トゥ・クロース』より

古川　バレてる。

宇多丸　これ、はっきりしているのは、**なんのメタファーでもない**ってことですね。

古川　そのまんまですね。**この曲の特徴は、そのまんまです。**そしてネクストというグループの特徴も、**そのまんまです。**

宇多丸　ひねりがない！　直接的下ネタ！

古川　前回R師匠について、歳を重ねたわりには下ネタが直接的すぎるのではないか、という指摘がありましたけど……。

宇多丸　とはいえ師匠もさ、「♪ウラ～ヌス、ア～ヌス」じゃないけど、一応何かに例えてはいたじゃん。**別にうまくねえけど、**というのはあったにせよ。

古川　それに比べると、ネクストはもう**活きのいい若手ボクサーのように、**切れのいい、何も考えていない下ネタを次々繰り出してきます。

宇多丸　しかもこれでポップ・チャート1位でしょ？　ちょっと考えてみてくださいよ！　**いま日本のチャートで、"あなたの一部分が盛り上がるのを感じる"なんて歌った歌が売れますか？**

髙橋　これにメロディが付いていることが信じられないからね。

宇多丸　信じられないことばっかりだよ！

★

古川　続いては、アルバムの5曲目『コージー（Cozy）』。曲全体を説明すると、「僕はエッチが目的じゃないよ」って女の子にずっと言い寄り続ける、そういう歌詞です。スローでロマンティックな曲調で、「俺はヤリたいだけじゃないよ」「君のこと大切にするよ」と自分の誠実さをアピールしながら、実際にはこういうことを言っています。どうぞ。

僕の目的はエッチだと思い込んで
でも今夜、
二人がここにいる理由は他にある
ステキな一時を過ごそうよ
服なんか脱がなくても楽しめる
僕はヤリたいだけの男じゃない

ネクスト『コージー』より

宇多丸　「**服なんか脱がなくても**」って、脱ぐのがデフォルトじゃねぇか！っていうのは否めないけど、まあ言わんとしていることは分かります。

高橋　ちょっと嫌な予感はするけどね。

宇多丸　「オレは違うからね！　オレはヤリたいだけじゃないからね！」ということを強調しすぎるあまり、**逆に意図が突出してしまう**感じはあるけども。

高橋　言葉を尽くせば尽くすほど、薄っぺらになっていく感じがあるね。

宇多丸　ただ曲調がスロー・ジャムでキレイだから、うっかりすると本当に甘い気分になっちゃうだろうね。「あら、ステキ♥」なんて。

古川　しかも全編ずっとこの曲調ですから。ただ、本当の最後の最後に**あるオトボケが炸裂**します。

宇多丸　そうなんですか!?

古川　そのオトボケを聴いてみましょう。

緊張しないで
どっちみち、ゴム、忘れちゃったから

用意はいい

ネクスト『コージー』より

宇多丸　えっ？　えっ？

古川　**なんだかんだ言って最後はヤルよね**って話です。

宇多丸　最悪じゃん！　違うから！　なんもしないから！ってだんだん身体が近づいていって、なんもしない、なんもしない……Ready set Go! っていう。

古川　基本的には卑怯なんです。

★

古川　次はアルバム11曲目、タイトルは『ネクスト・エクスペリエンス（NEXT Experience）』。

宇多丸　次の体験？

古川　そうですね。この曲はシンガーのアディーナ・ハワード（Adina Howard）さんと、ラッパーのカストロ（Castro）さんという人がフィーチャリングされています。曲としてはアディーナ・ハワードさんが引っ張っていく構成です。

高橋　この人もすごいエロい人なんです。

宇多丸　え？

高橋　**すっごいエロい人。**だってデビュー・アルバムのタイトルが『ドゥ・ユー・ワナ・ライド（Do You Wanna Ride?）』だもん。

宇多丸　私に乗りたいの？って、じゃあ、エロ対決ってことだ！

古川　彼女が出だしから登場するんですが、ちょっと何を言ってらっしゃるのかよく分からないんですよ。ただ、語呂が非常にいい。

宇多丸　語呂がいい。なるほど。

古川　じゃあ、ちょっと聴いてみてください。どうぞ。

ねんねんころりよ、止まらない
シャツを脱いだら、下着も脱げる
ボクサー型にパンティ、形は色々
ノッてる、ノッてる、ノッてるね

ネクスト『ネクスト・エクスペリエンス』より

古川　フフフフフ。

宇多丸　何がなんだかさっぱり分からないんですけど。

高橋　**でしょうね。**

宇多丸　「ねんねんころりよ」って、これは**訳した人の案配だろシリーズ**でしょ？

高橋　元の歌詞では「Rock a bye baby」。向こうの子守唄のフレーズですね。だから「ねんねんころりよ」でもあながち間違ってない。

宇多丸　「シャツを脱いだら、下着も脱げる」は？

高橋　**この辺は分かんないですね〜。**

古川　ボクサー型もパンティー型もいろいろあって、イエイイエイと。よく分かんないけどノッてるね！っていう。

宇多丸　分かんねぇけどなんかエロい感じで、イエイイエイ！

古川　とにかく盛り上げていこうぜってことなんだと思います。こうして曲が始まっていくんですが、題名でもある『ネクスト・エクスペリエンス』、次なる体験というのはどういうことなんだろう、それが垣間見える一節があるので、抜き出してみました。

お腹の中まで突き上げてみせる
マジだぜ、きっとまともに歩けない

ネクスト『ネクスト・エクスペリエンス』より

宇多丸　……最低……。
古川　本当にねえ……。
高橋　すみません本当に……。
宇多丸　なんかさ、いままでのこの特集の中でも**屈指の下品さ**じゃない?
古川　エログロ、**そしてナンセンス。**まあ僕らが、そういうところを好んで選んでるわけですけど……。

★

古川　次の曲はアルバムの16曲目。まず、これもタイトルからして嫌な予感がします。『テイスト・ソー・グッド(Taste So Good)』。
宇多丸　「味、おいしい」。
高橋　「味、おいしい」。
古川　「味、おいしい」。
宇多丸　おいしいって言っちゃったら、ねえ。
古川　察してくださいっていう内容なんですが。
宇多丸　**要はクンニ的なことなんでしょう?**　きっと。
古川　残念ながら、**クンニなんでしょう?**　と。
宇多丸　これはしょうがない。
古川　ただこの曲、親切なところがあって、曲に入る前にあるアナウンスが流れます。そのアナウンスで一体どんな注意を促しているのか、ちょっと耳を傾けてみましょうか。どうぞ。

この曲はボリュームを下げて
おかけ下さい
特にセックスの最中にかけるのが
望ましいと思われます

ネクスト『テイスト・ソー・グッド』より

宇多丸 「ボリュームを下げて」って言うから、てっきり親に隠れて聴こうみたいな話かと思いきや、セックスの最中かい！っていうね。だったら別にボリューム上げてたって構わねえじゃねぇか。

髙橋 まあね。

古川 最初にこういう親切なアナウンスをしてくれてるわけですから、**むしろ下ネタに顔をしかめる僕らのほうがおかしい**ってことになりますよね。このあとこの曲は、ずーっとクンニ的なことを歌っているんですが。

宇多丸 ずっとクンニですか！

古川 ええ、もうずっとです。

宇多丸 その歌詞は引用しないんですか？

古川 **しません。**ただ最後に、この曲がどうやって終わるのかをご紹介しましょう。これを聴けばだいたいどんな感じで歌っていたかが分かると思います。

君はとてもおいしい
ベイビー、とてもおいしいよ
君はとてもおいしい
君はとてもおいしい
ベイビー、とてもおいしいよ

ネクスト『テイスト・ソー・グッド』より

宇多丸　逆に、おいしくないのかな？って感じするよね。
高橋　アハハハハ！
宇多丸　これはおいしいんだ、これはおいしいものなんだ！って自分に言い聞かせているようにも聴こえる。
古川　このように彼ら、**基本的には真心で押していくタイプ**の人間なんですね。
宇多丸　そうですか。まあ嘘がないよね。ある意味、若者らしい。

★

古川　さて、これから捻りのないシリーズがどんどん深まっていくんですが、次の曲。
宇多丸　まさかと思うけど、まだ同じアルバム？
古川　同じアルバムからです。
宇多丸　すごいねぇ〜。
古川　クンニのあとに続く歌が、きましたよ、17曲目『フォン・セックス（Phone Sex）』。
宇多丸　**別に中身聴くまでもねぇよ！**
古川　ついに例えることもやめました。
高橋　捨てたね、捨てた捨てた。
宇多丸　1周回ってもいないと思うね、『フォン・セックス』って。
古川　おっしゃるとおり、タイトルそのままの曲です。これはサビに注目ですかね。これまた真っすぐな歌詞で、ここまでストレートだとむしろ良しって思えるようないいサビなんですよ。
宇多丸　ああ、そうですか。

テレフォン・セックスしないか
もしも君さえよければ
テレフォン・セックスしないか
今夜は一緒に過ごせないから
テレフォン・セックスしないか
きっといい気持ちになれる
テレフォン・セックスしないか
肩の力をぬいて、この時を楽しもう

ネクスト『フォン・セックス』より

古川　**そんないいもんじゃなかった……。**

宇多丸　でもさ、なんていうの？　これまでこの特集で紹介し続けてきた、あの手この手でごまかしごまかし持ち込もうみたいな姑息感はないもんね。

古川　ないです。

宇多丸　**今日は会えないから、よし、テレフォン・セックスだ！**って、これ以上ない真っ当な理由だもんね。

高橋　爽やかですらある。

宇多丸　いま俺、自分で言ってて思ったけど、**こんな特集じゃ数字取れねぇな！**

一同　アッハッハッハッ！

古川　数字を下げるついでに言いますと、この曲は他の部分も**本当に下劣。**ちょっとだけ読みますね。「ベイビー、自分でさがしてごらん　そう、うんと大きく広げて」「思い切りかき回して　君の中でなにかがはじけるまで」……。

宇多丸　ただのエロ小説だろ！

古川　ただ、そんな下劣な中にも聴き逃せない一節があって、これはアメリカの電話会社事情と言っていいでしょうか。ちょっと心配になる部分がありまして。

宇多丸　ほうほう。

古川　その該当箇所を聴いてください。

テレフォン・セックスしないか
聞いているのは
AT＆Tと君と僕だけ

ネクスト『フォン・セックス』より

古川 　AT＆Tっていうのは日本におけるNTTみたいな電話会社です。

宇多丸 　そのAT＆Tの交換手が聴いているよと。

古川 　**多分聴いてないと思うんですけどね。**

宇多丸 　まあ、むしろ聴かせてやろうぜってことでしょう。露出プレイ的な。

高橋 　そういうプレイあるんだ〜。

古川 　この曲は最後にまた、ちょっと聞き逃せないところが出てきます。思うに、**これはフォン・セックスではないのでは？** 　という一節が登場するので、その部分をみなさんも考えてほしいです。どうぞ。

電話であそこを愛撫して、
すべてが聞こえるように
テレフォン・セックスしないか

ネクスト『フォン・セックス』より

宇多丸　テレフォン・セックスっていうのは、会話を通じてあたかもセックスしているような感じを楽しむものであって、実際に電話機をあてがうのは、それはテレフォン・セックスじゃない！

高橋　だったら電話する必要ねえだろって。

宇多丸　いや、音聞かすって言ってるから、それはあるんだけどさ。ただ、中入れちゃったら**くぐもった音しかしないでしょう？**

古川　ジョリジョリ的な……？

宇多丸　いや、ビチョビチョとかもしないと思うよ。なんか、**ボコボコボコ〜、ボコボコ〜って。**

高橋　本当にしょーもない！

古川　AT&Tの人は聴いてないと思うんだよな。

宇多丸　だいたい汚いよ！

高橋　そうだね。

宇多丸　汚いし、デカくねえ？　あ、でも携帯か？　いや、この時代、携帯っていったってデカイですよ！　**こけしくらいデカイですよ、電動のこけしくらいデカイですよ！**

高橋　俺らにまで下劣な何かが乗り移ってない？

古川　これでようやくこのアルバムも最後です。タイトルは『ロック・オン（Rock On）』。

宇多丸　あーよかった！　これは全然**エロい歌じゃないんじゃない？**

高橋　**エロい歌なわけないよ！**

古川　君に照準を定めたぜっていう意味での、ロック・オン。この曲にはラッパーがフィーチャリングされています。ナウ・ジャスティス（Now Justice）っていうグループのデュガンズ・シャーロン（Duganz Shalont）さん。

高橋　**誰だ？**

古川　まったく聞いたことがないです。

宇多丸　俺もこれ知らんな〜と思って。

高橋　まったく知りませんでした（※古川注：ノーティー・バイ・ネーチャー周りで活動しているラッパーの模様。2015年時点でもまだ活動してい

るようです)。

古川 そのナウ・ジャスティスがやってきて、ラップします。おそらく大抜擢だと思うんで、彼、結構息巻いているんですね。

宇多丸 張り切ってるんだ。

古川 はい。そこで快調に彼が飛ばしているところをお聴きください。どうぞ。

思いっきりエッチしたくなる
考えただけでアソコがカタくなる
妊娠しやすいその体の中に
ぜんぶ放出

ネクスト『ロック・オン』より

高橋　ロック・オンどころじゃない！

宇多丸　これはネクスト側がさ、「とにかくエロいこと歌ってよ」って発注したんじゃない？　それで彼は考えつく限りのものすごいエロいこと歌ってやるぜっていうのが、この……。

高橋　**ナウ・ジャスティス。**

宇多丸　**全然ジャスティスじゃねぇよ！**

高橋　こりゃ消えますわ、この人（※古川注：消えてませんでした）。

古川　まだまだ彼のラップパートを見ていきましょう。どうぞ。

夜の仕事なんかやめちゃいな
楽しそうな話だけど、
未成年じゃないこと確認しなきゃ
そうだ、
ショッピング・モールへ行かないか
君の手帳にはさんである
コンドームを膨らまそう
かけひきなんかとばそうぜ

ネクスト『ロック・オン』より

宇多丸　**何言ってんだ？**

古川　何言っているの？　この人。

宇多丸　あのさ、まず下手な歌詞の特徴として、**話が通せてない**というのがある。

古川　人の話をちゃんと聞いてない感じは伝わってきますよね。話が次から次へと飛んでいく感じが。

宇多丸　「夜の仕事なんかやめちゃいな」って言ってるんだから、結構大人の女の話かなと思いきや、「未成年じゃないこと確認しなきゃ」ってね。

高橋　**1行ずつめちゃくちゃなこと言ってますね。**

宇多丸　思いついた順に言っちゃってるのかな〜。

古川　人のコンドームで遊ぼうとするしね。さて、そんな彼のラップがどういう終わり方をするのか、彼の勝手ぶりがよく表れていると思います。その歌詞をどうぞ。

君は独自のスタイル持ってる
来週、この町に来た時は
必ずとりこにしてみせる
ロック・オン

ネクスト『ロック・オン』より

宇多丸　「ロック・オ〜ン」決まった〜！……って、**アホか！**
高橋　アハハハ！
宇多丸　でもさ、現状とりこにできてないわけじゃん。むしろヤレてない。
古川　なのに……。
宇多丸　**「(ドヤ顔で)ロック・オ〜ン」！**
古川　そりゃ残らないですよ、こういう人は(※古川注：残ってるみたいです)。さて、このあとにいよいよネクストさんが歌で入ってくるんですが、「手本を見せてやるぜ」と言わんばかりのキレ味を披露してくれます。
宇多丸　下ネタっていうのはこうやるんだぜ、と。
古川　まさにそんな感じです、どうぞ。

三本目の足は
シャックの靴より長い

ネクスト『ロック・オン』より

一同　出た〜！

宇多丸　シャック、これはつまりシャキール・オニールですよね？

高橋　そう、90年代から2000年代まで活躍した、バスケットのNBAスタープレイヤー。2メートルを超える大男です。

宇多丸　要するにデカイわけだ。当然**足も**。で、その靴よりオレのはデカイぞ、と。

高橋　**「三本目の足」**って、向こうでもそう言うのかよって思ってる人もいるかもしれないですけど……。

宇多丸　訳してる人の案配シリーズじゃねぇの？　実際はどうなの？

高橋　直訳で、間違ってないんですよね。

古川　ネクストは若手ラッパーに「エロネタってのはこう言うんだよ」というのを背中で見せてあげたのかもしれない。

宇多丸　それで「センパイすごいっすね！」って。

高橋　ナウ・ジャスティスもびっくりですよ。

古川　ということで、ファースト・アルバムだけでもこれだけの密度。

宇多丸　**俺もう疲れちゃった……。**

古川　でもセカンド・アルバムは、さらにそのレベルが……。

宇多丸　もっとひどいの？

高橋　ひどいです。

宇多丸　え〜！

古川　ではここからは、ネクストが2000年に発売したセカンド・アルバム『ウェルカム Ⅱ ネクスタシー』。ますますパワーアップしてます。

宇多丸　2000年ですか。

古川　はい。これから紹介する曲は、これはもう大作と言っていいです。タイトルがまずキテます。『**サイバーセックス（Cyber Sex）**』。

宇多丸　ほほう。2000年っていう時代を感じますね〜。私がインターネットを始めた年でもある。

古川　おそらく彼らもほぼ同じタイミングでインターネットに接し、感銘を受け、それで**彼らなりにインターネットとエロを結びつけようと。**

宇多丸 いまインターネットってのがキテるらしいから、ちょっと曲にしてみようぜ、と。

古川 はい。なので、2000年ぐらい特有の浅〜いインターネット用語や間違った使い方が頻出します。まずはそのあたりをお楽しみください。

進入したいんだ、
君のインターネットに
だからダイヤル・アップして
サイバーセックスを始めよう

ネクスト『サイバーセックス』より

古川 　いいですね〜。

宇多丸 　まずさ、**「君のインターネット」**っていうのがうまくないから！

高橋 　昔、ラッパーのKOHEI JAPANが**「どんなインターネットよりすごい」**ってラップしてたのを彷彿とさせます。

宇多丸 　**インターネットは、それぞれが持っているものじゃないからね。**

古川 　いまとなっては、ダイヤル・アップがもう分からない（※注：インターネット初期の接続方法）。こんな調子でこの曲は非常に快調に飛ばしていきます。快調すぎて、つい思わず二度見してしまった歌詞があるので、そこをみなさんも確認してみてください。

PCに目を向ければ
思わずエッチな気分になる

ネクスト『サイバーセックス』より

古川 これは条件反射ですね。

宇多丸 2000年だから、まだそんなにエロ動画とかバンバン落とせない時代よ？ つっても、**パソコン＝なんかエロいもの、**みたいな図式ではあるんだね。かなり早いよね。

古川 でも、パソコンに目を向けるたびにエッチな気分になっていたら、いま、この現代社会では大変なことですよ。

君の家に来てほしいなら
マウスをクリックしてごらん
僕が画面から飛び出すよ

ネクスト『サイバーセックス』より

高橋　さてはこいつ、インターネットやったことねぇな？

宇多丸・古川　アハハハハ！

宇多丸　ジョン・ヒューズ監督の映画であったね、コンピューターから美女が出てきちゃうやつ。1985年の『ときめきサイエンス』だ。でも、あっちはまだ80年代だから許されるけど、こっちは2000年ですから。さすがにこんな**貞子**みたいな状況はねぇよ！（※注：中田秀夫監督の映画『リング』に登場する、テレビモニタから出てくる幽霊）

古川　2010年、いまだ実現してないテクノロジーですね〜。

宇多丸　**こいつ、多分まだパソコン持ってねぇな。**

高橋　アハハハハ！

古川　このあと、彼らもR師匠ばりにインターネットを例えに使っている場面が出てきます。

いてもたってもいられない時は
僕のハードディスクを入れてごらん
ウィルスもリスクもまったくなし

ネクスト『サイバーセックス』より

宇多丸 出ましたね、師匠譲り！「僕のハードディスクを入れてごらん」って、**ハードディスクは入れたり出したりするもんじゃねえよ！**

古川 ハードっていう単語に引っ張られたんでしょうね。

宇多丸 あとまあ、確かに**チンポって言ったらウイルス**って言いたくなるのも分かるしね。性病的な意味で。

古川 ああ、なるほどね……って、なるほどねじゃないけどね。あとはサビ前、個人的には大変グッときたところなんで、その歌詞もちょっと聴いてください。

パワーを入れなよ、
感じさせてあげる
www next.comだよ、さぁおいで

ネクスト『サイバーセックス』より

宇多丸　これは何？　ネクストのホームページかなんかのアドレス？
古川　まずは実際どういう感じで歌っているのか、そこを聴いてもらいましょうか。どうぞ。

　　　　　♪　『サイバーセックス』流れる

一同　アハハハハハ!!
宇多丸　「www next.com〜♪」って！
高橋　**カッコ悪い〜！**
古川　ドットコムというのがとにかくカッコいいと思ってた時代ですね。
高橋　歌うの気持ちいいんだろうね、きっと。
宇多丸　「utamaru@tbs.co.jp〜♪」（※注：番組のメールアドレス）。
古川　ほら、いまの時代に聴くと**そんなにカッコよくない！**　この時代だからこそカッコよかったんですよ。
高橋　wwwが効いてるね。
古川　ちなみにこのwww next.comっていうアドレス、**いまはどこにも繋がりません。**
宇多丸　てめえらのホームページぐらい用意しておけ！って話だけどね。
古川　なんですけどね〜。ということで、この曲のまとめになります。サビの部分で彼らのインターネット観がよく表現されているので、締めくくりにそれを聴いてください。

インターネットに接続して
僕を体感してほしい
僕を感じてほしいんだ
君の中に入りたい
科学的に、性的に
君と二人、僕のPC上で
性的に、科学的に
君と僕の二人

ネクスト『サイバーセックス』より

古川 「科学的に、性的に」という捉え方が……。
宇多丸 あと、「僕のPC上で」とか、インターネットじゃねぇじゃねぇかよ!
高橋 インターネットで科学的って言われても、ちょっとねえ。
宇多丸 ヤベ、最先端のこと歌っちゃったよ、みたいな感じなのかな?
古川 曲としても、バックにずっとピーガーって、**ダイヤル・アップ接続の音が鳴ってたりして、**大変味わい深いです。オススメです。

★

古川 続いて、これまた大作です。アルバム7曲目、フィーチャリングはいまをときめくギャングスタ・ラッパーの50セント(50 Cent)の『ジャーク(Jerk)』という曲です。
宇多丸 おお! 50セント、大好きですよ。50だったら相当ひどいこと言っているんじゃないですか?
高橋 まだ彼が売れる前なんだけどね。
宇多丸 そうなんだ! じゃあネクストはかなり先見の明があるってことじゃない。
高橋 そうだね。50はいまでこそ強面ラッパーの代名詞みたいな人ですけど、当時はそこまでではなかった。ちなみに、タイトルの「Jerk」という単語は、「引っ張る」「痙攣する」とかいう意味なんですが、「Jerk off」というスラングがあって、これはまあ、**オナニーですね。**マスターベーションです。
宇多丸 はいはい。男のマスターベーション。
古川 ということで、これ、ちょっと珍しい**男のオナニー賛歌**なんです。
高橋 これは本当に珍しい。
古川 50さんの、いまの強面ぶりからは信じられないようなフレーズがビシバシ飛び出しますよ。
宇多丸 興味深い!

現実より鮮やかな
オレのイマジネーション
プレイボーイ誌の11月号、
3ページ目はなんとオレの女房

ネクスト『ジャーク』より

宇多丸　アハハハ！　いいねぇ〜。これ想像だよね？
古川　だと思います。
宇多丸　妄想だよなぁ。**オレの女房が、なんと3ページ目に!?**
高橋・古川　アハハハ！
宇多丸　でも、うまいねやっぱり。なんかこうワクワクさせるものがある。50セント、さすが。
古川　「3ページ目」っていうのが効いてますよね。前のほうのページってことだから、売れっ子ってことですよ。
宇多丸　そう、ディテールがちゃんとしてるんだよね。
古川　50セントさん、乗ってます。この曲には他にもいいフレーズがたくさん出てくるので、次も紹介しましょう。さっきの歌詞の直後に出てくる素晴らしいフレーズです。どうぞ。

目を閉じれば浮かんでくるのは
ギャルのケツ、ピュッ!
さわってくれるギャルがいなけりゃ
自分でさわる

ネクスト『ジャーク』より

一同　おお〜……。
古川　どうですか、これ。
宇多丸　ピュッ！っていうのは、実際どうやって表現されているの？
古川　では曲を聴いて確認してみましょう。どうぞ。

♪　『ジャーク』流れる

宇多丸　あ、「splash」なんだ！
高橋　「しぶき」みたいなことですね。
宇多丸　シュパーン！って感じ？
古川　キラキラ〜！って……**輝いてる感じ？**
宇多丸　はいはいはい。やっぱ、いいですね〜。
古川　とまあ、50セントがこの調子でいくんですが、もちろんネクストも負けてません。サビで、いままでの出来事をさらに強調するようなことを言いだすので、その歌詞を聴いてみてください。

仕方ないから自分で処理
リズムに合わせて上下にしごく

ネクスト『ジャーク』より

宇多丸　**もう〜、もう〜（呆れ）。**
古川　サビですよ！　曲の中で最も大切な部分ですよ！
宇多丸　「仕方ないから」っていうのが、ちょっと悲しい感じもするね。
高橋　逆ギレしてる感じがあるよね。
古川　もう1カ所。やや途方に暮れている感じも目に浮かばないでもない、そんな部分です。

Eメールもしたし携帯にも電話した
必死で連絡したけどダメだった
でもズボンの前は膨らんだまま
もうどうすればいいのかわからない
自分でヤルしか手がないね
君のこと思い浮かべながら

ネクスト『ジャーク』より

宇多丸　**別にそんなに追い詰められなくてもよくね？**
古川　こんな切羽詰まったオナニーも、そうそうないよね。
高橋　楽しくやればいいじゃん。
宇多丸　そうそうそう。そこまで情けないもんじゃないじゃん。いいだろ、別に。
古川　何度も言いますけど、これにメロディ付いてますからね。
高橋　**「必死で連絡したけどダメだった」**
宇多丸　**「もうどうすればいいのかわからない」**
古川　ここで再び50セントのラップが出てきます。ここも、強面で鳴らす前の50の優しい面が出てくるので注目してください。どうぞ。

レイプなんてとんでもない、
だったら自分でした方がまし
時は金なり、
だからいつも超特急ですませる
オレ自身ハンサムじゃないから
女の好みもうるさくない

ネクスト『ジャーク』より

古川　いいヤツ〜。
宇多丸　50セント、いいヤツ〜。
高橋　なんか切ない〜。
宇多丸　50がこんなへりくだった歌詞なんかラップするんだ。「レイプなんてとんでもない、だったら自分で」なんて、極めて真っ当ですよ。
高橋　「オレ自身ハンサムじゃないから」
宇多丸　「いつも超特急ですませる」って、こんな貧乏くさいの聴いたことないよ！　オナニーぐらいゆっくりやればいいじゃない。
古川　そんな急かされてもなかろうに。
宇多丸　「オレ自身ハンサムじゃないから女の好みもうるさくない」なんて、**こんな手厳しい自己認識、俺でさえ歌ったことないよ。**
高橋　向こうのヒップホップじゃ珍しいケースだよね。
宇多丸　かなり珍しいと思うよ、卑屈系はね。俺、50すごい好きだけど、根幹にこれがあるから好きなのかもしれないな〜。
古川　なるほどね。
宇多丸　やっぱね、信頼できる男！っていう。
古川　これで50のラップパートは終わって、最後にまたネクストが出てくるんですが、完全に前後の流れが分からなくなっちゃって、**もはや誰のことを歌っているのか不明**という歌詞が出てきます。

みたされるよう手で狙いを定めて
ダンガリーには１滴もこぼしちゃだめ
だからタオルでジーンズを覆って
赤ちゃんの素が飛び出すまで
上下にしごけ

宇多丸　……**俺は悲しいよ。**
古川　タオルでジーンズを覆ったりするんだね。
宇多丸　**ちゃんと狙いを定めてやれよ！**　あと「赤ちゃんの素」っていう言い方がホント嫌。嫌だね〜。
高橋　嫌だね、本当に。
宇多丸　なんか全体的にオナニー賛歌なのか自己卑下なのか、よく分かんない逆切れ感があるね。でも、なんかいいと思う。信頼できる感はある。
古川　曲としてはカッコいいですからね、普通に。
高橋　しかもこれ**シングルだから。**
宇多丸　**ネクスト、ニュー・シングル『オナニー』！**
一同　アハハハハ！
宇多丸　すげえなぁ〜。

古川　さて、お待たせしました。この企画にはうってつけの曲がやってまいりました。アルバム11曲目、『レッツ・メイク・ア・ムーヴィー（Let's Make a Movie）』。映画を撮ろうよって歌なんですけど。
宇多丸　はい、**ハメ撮りですね。**
古川　即答ですね。
宇多丸　定番だもん。
古川　いや、分かりませんよ。曲の出だしだけ聴くと、まるで爽やかな映画青年の歌なのかな？って……。
高橋　**嘘をつくな！**
古川　じゃあまず歌詞を見てみてくださいよ。どうぞ。

君の演出、僕にまかせて
一緒に共演したいから
二人で映画を作ろうよ
出演するのは僕と君
カメラクルーは僕がやる

ネクスト『レッツ・メイク・ア・ムーヴィー』より

古川 **低予算映画なのかな？**

宇多丸 映画青年がいて、恋人を主演に映画を撮るという話に見えなくもないね。なかなか爽やかな感じもしてきた……**これは映画青年の歌でしょう！**

古川 と思いきや、この直後、ものすごい短いフレーズで台なしになります。どうぞ！

テイク1、テイク2、テイク3
二人の行為にズームイン

ネクスト『レッツ・メイク・ア・ムーヴィー』より

一同　アハハハハ!!

宇多丸　ちょっと待って、「ズームイン」っていう言葉を聞くと、日本人は『**ズームイン!! 朝!**』の「**ズームイン!**」を想像しちゃうけど、元はどうなの?（※注：日本テレビ系列で放映されていた朝の情報番組『ズームイン!! 朝!』では、司会者がカメラに向かって「ズームイン!」と叫んでいた）

高橋　元は「Zoomin' on」ですね。

宇多丸　**完全に訳の案配じゃん。**

高橋　日本人用に意訳してくれたんですね。

宇多丸　「二人の行為にズームイン!」 ♪チャラチャチャ～。

高橋　どんな映像になるのかちょっと観てみたい。

古川　このあと、この映画青年には意外と上昇志向があることが判明します。

君が上になってるところ
コンドームをとってくれないか
これならエミー賞だって夢じゃない
君が欲しいよ
ベイビー、二人ならできる

ネクスト『レッツ・メイク・ア・ムーヴィー』より

高橋　エミー賞は、アメリカの放送界の権威ある賞です。

宇多丸　つまり、ちゃんといい映像撮るぞというガッツはあるわけだ。

古川　意気込みはあるということですね。その勢いで、この青年はちょっととんでもないことを言いだすんです。上昇志向が上滑りしたあまり、ある俳優に迷惑がかかるんじゃないのかな？って心配になるような。どうぞ読んでください。

トム・クルーズになりきって
君がゆるまないようがんばるよ
スーパースターのスーパー精子

ネクスト『レッツ・メイク・ア・ムーヴィー』より

一同　アハハハハハハハ‼

宇多丸　これ、**スーパースパーム（Sperm＝精液）ってことか！**

髙橋　そういうことです。

宇多丸　スーパースターのスーパースパーム！　最低 ――‼

古川　みなさんに、ぜひ歌い方も聴いていただきましょう。

　　　　　　♪　『レッツ・メイク・ア・ムーヴィー』流れる

宇多丸　**「♪スーパースター、スーパースパ〜ム」**

古川　はっきりと聴き取れてしまいましたね。

宇多丸　けど、別にうまくねえ！

古川　スーパー精子って、そもそもなんだか分かんないから。

宇多丸　「君がゆるまないよう」ってのも失礼な話だよ。

髙橋　最悪ですね。

古川　そんな映画青年ですが、実は彼が意外と完璧主義者だっていうことが分かるんです。

宇多丸　あ、やっぱり映像にこだわりが？

古川　とにかくテイクを重ねていくんです。尋常じゃないテイクの重ね方をします。尋常じゃない重ねぶりですよ。ご確認ください。

テイク1はベッドの上で
テイク2はキッチンで
テイク3は君の望みの場所で
ベイビー、イエスと言ってくれ
テイク4は床の上
テイク5は壁を背に
テイク6は超エッチな体位
きっと君も気に入るはず
テイク7は僕の車のバックシートで
テイク8は表の草の上
テイク9はバックから
テイク10で明かりを消そう
テイク11は君が上
テイク12では僕自身を味わって
そしてすべてが終ったら
二人のビデオをテレビで見よう

ネクスト『レッツ・メイク・ア・ムーヴィー』より

宇多丸　なげえ〜。

古川　すごい長さ。

宇多丸　しかもこれテイクじゃねぇじゃん！　シーンのことだろ、これ。

古川　でも実際テイクって歌ってるから。

宇多丸　別にうまくねえよシリーズであり、**間違ってるシリーズ**でもある。

古川　**なげえよシリーズでもありますよね。**

高橋　しかも順番の意味がよく分からない。

宇多丸　「テイク10で明かりを消そう」って、テイク8で**表出ちゃっている**んだからさあ。

古川　「表の草の上」っていうのも結構すごいですけどね。

宇多丸　ここまで長々やってて、またこのビデオをテレビで観ようって。

古川　**荒編チェック**みたいなことかな？（※注：ラフに編集した映像で仕上りを確認すること）

高橋　アハハハ！

宇多丸　ある意味いままでのハメ撮りシリーズの中でも、映像に対するこだわりが前に出ているのは間違いないね。

高橋　**エミー賞狙いだから。**

古川　『レッツ・メイク・ア・ムーヴィー』、引用した以外も全編これなので、ぜひアルバムを買って歌詞カードを見てほしいですね。

宇多丸　(ライナーノーツを読みながら)**「爽やかな曲調」**って書いてある。

一同　アハハハ！

宇多丸　いや〜、今日は疲れたよ。

古川　ネクストのあとにネクストなしということで、この特集ももうこれで最終回。ザ・ラストということなんですが……。

高橋　悲しいですね。

古川　ただ、いろいろと調べているうちに、ネクスト自体もまだ活動は続けてますし、この2010年になっても新しい才能が続々と登場しているんです。

宇多丸　そうですか！

高橋　もう新ネタもあります！

宇多丸　あ、そう？
古川　今風にブラッシュアップされた連中がどんどん出てきてます。ということで、**また「海外R&B馬鹿リリック大行進」、やります！**
宇多丸　よかった〜。
高橋　R師匠がどうくるかというのもありますからね。
古川　ワールドカップ以降の師匠が見たいですからね。
高橋　**多分、南アフリカの経験が生かされると思いますよ。**
古川　『インビクタス』的なことも出てくるかもしれないしね（※注：南アフリカのネルソン・マンデラ大統領を主役にした2009年の映画『インビクタス／負けざる者たち』。監督はクリント・イーストウッド）。
宇多丸　**『インビクタス／萎えざる者たち』。**
古川・高橋　アハハハ！　うまい！
宇多丸　それでは次回、R師匠『インビクタス／萎えざる者たち』特集で会いましょう！

高橋芳朗コラム #3

トレイ・ソングス
馬鹿リリック列伝

「トレイ、アレサから言わせてちょうだい。周囲の声に惑わされず、自分の夢を信じること。あなたはきっと成功するわ」
トレイ・ソングス (Trey Songz) のデビュー・アルバム『アイ・ガッタ・メイク・イット (I Gotta Make It)』(2005年) は、あの〈ソウル・ミュージックの女王〉アレサ・フランクリン (Aretha Franklin) によるトレイへのエールで幕を開ける。念押ししておくと、アレサといえばローリング・ストーン誌の〈歴史上最も偉大な100人のシンガー〉で堂々の1位に選ばれたレジェンド中のレジェンド。そんな彼女が新人相手に直々に太鼓判を押すなんて、前代未聞のことだ。トレイと契約を交わした名門アトランティック・レコードの創業者、アレサやレイ・チャールズ (Ray Charles) をスターダムに押し上げたアーメット・アーティガン (Ahmet Ertegun) がそれに続く。
「40数年前にソウル・ミュージックが誕生してから現在に至るまで、私はトレイ・ソングスこそアトランティックが送り出す最も有望なR&Bアーティストの1人であることを信じて疑いません。輝かしい未来が待っている、この驚異的な若者の歌をぜひ聴いてみてください」
結論から言うと、さすがアレサとアーメットの目に狂いはなかった。トレイ・ソングスは、同じ2005年にデビューしたクリス・ブラウン (Chris Brown) と共に現行シーンを代表する男性R&Bシンガーへと成長を遂げ、デビューからの10年間で16曲ものシングルをR&Bチャートのトップテン圏内に送り込んだ。
だが、いくら百戦錬磨のアレサとアーメットといえども、まさかトレイが車を飛ばしてコンドームを買いに行くさまを事細かに歌い上げるような男だったとは思わなかっただろう。デビュー・アルバムの時点ではまだまだ真っ当だったトレイの歌詞は、くだんのコンドーム・ソング『ストア・ラン (Store Run)』を収録したセカンド・アルバム『トレイ・デイ (Trey Day)』(2007年) を境に、徐々に様相が変わってくる。彼はアルバム序盤の『ノー・クローズ・オン (No Clothes On)』で文字どおり「素っ裸で戻ってきたぜ」と自らの帰還を告げると、続く『セックス・フォー・ユア・ステレオ (Sex For Yo

Stereo)』で女性リスナーたちにこう語りかける。

「君のステレオを通じてセックスしてあげるよ、君の反応を見たいな／手の代わりに言葉を使い、君を素っ裸にしてやるんだ、この歌でね」

当時トレイはアメリカのみならず日本でも推されていて、2006年には、『Story』のヒットでお馴染の日本の女性R&Bシンガー、AIの『Beautiful』でデュエット・パートナーを務めていたりする（この曲は某エステティックサロンのCMソングにもなっている）。

そのお返しということなのだろう、『トレイ・デイ』の日本盤にはAIがラップで参加した『アー・ユー・ア・パフォーマー（Are You A Performa）』なる曲がボーナス・トラックとして収録されているのだが、『Beautiful』ではクールに愛の駆け引きを演じていたトレイも、自分の土俵となると途端にセクハラ男に変身。曲のサビでは、

「ベイビー、君はパフォーマーなのかい？（君はパフォーマー？）／その調子だと、鏡の前で踊ってんだろ（鏡の前で踊ってんだろ）／その体をよく見たいから（その体をよく見たいから）／服なんて隅に脱ぎ捨ててくれよ」

と執拗に繰り返していた。これに関してはセクハラ以前にAIに「君はパフォーマー？」と問いかけ続ける曲のコンセプト自体が失礼な気もするのだが。

そんなトレイの歌詞は、アメリカで100万枚を超えるセールスを記録したサード・アルバム『レディ（Ready）』（2009年）でさらに過激化する。特にアルバムのオープニング『パンティ・ドロッパ（イントロ）（Panty Droppa (Intro))』から『ネイバーズ・ノウ・マイ・ネーム（Neighbors Know My Name)』を経て『アイ・インヴェンテッド・セックス（I Invented Sex)』へと至る性豪自慢は、数ある馬鹿リリックのなかでも最狂クラスと言っていい。

『パンティ・ドロッパ』、つまり「俺が歌うと女たちは勝手にパンティを脱ぎ始めるのさ」とうそぶくトレイは、

「ハッキリ言うよ／キミとメイクラヴしたいんだ／この曲はまさにパンティ・ドロッパー／パンティ・ドロッピン・ラヴ・ソング／キミはヒールだけはいていればいい／愛してあげるさ／この曲はまさにベイビー・メイカー／今夜一緒にベイビーを作るのさ」

と宣言すると、続く『ネイバーズ・ノウ・マイ・ネーム』でこう歌い上げる。なぜ「隣人たちがトレイの名前を知っている」（＝ネイバーズ・ノウ・マイ・ネーム）のか、タイトルの謎は曲が始まってすぐに分かるはずだ。

「俺達がメイクラヴし始めたとたん、聞こえるのさ／ドン、ドン、ドン、壁を叩く音／俺が奥まで突いて／盛り上がってくると、また／ドン、ドン、ドン、壁を叩く音／ガール、キミの脚が震えっぱなしだぜ／間違いなく壊しちまうだろうな／新しい

ヘッドのベッドボードを／俺達の愛は最高に気持ちイイんだ／ガール、鼻が高いよ／キミの可愛い顔を見ると／キミが俺の名前を叫ぶ／いつも大声でさ」
俺のセックスがあまりにすごすぎて、彼女がオーガズムに達するたびに「トレイ！」って絶叫するから、近所の奴らはおのずと俺の名前を知っているはず——『ネイバーズ・ノウ・マイ・ネーム』で延々と繰り広げられるトレイの誇大妄想は、次の『アイ・インヴェンテッド・セックス』で「俺は他の誰よりもすごいセックスをするわけだから、ある意味セックスは俺が発明したと言っていいだろう」という驚愕の結論にたどり着く。トレイの歌は単なる馬鹿げた絶倫ソングとして一笑に付されたとしてもなんらおかしくないが、それはR.ケリーが築いた荒唐無稽なセックス・リリックに、ヒップホップ流儀のボースト（自慢、誇張）を加味したことによってネクストレベルに達した、歴史的瞬間でもあった。

『ネイバーズ・ノウ・マイ・ネーム』と『アイ・インヴェンテッド・セックス』は商業的にも大成功を収め、前者は全米R&Bチャートで4位、後者に至ってはキャリア初の1位を獲得。これに気を良くしたトレイは、1分強の長さだったアルバムのイントロダクション、『パンティ・ドロッパ』を1曲の完成された楽曲に仕上げて『パンティ・ドロッパ（完全版）(Panty Droppa (The Complete Edition))』として再リリースしている（2010年発表の4thアルバム『パッション、ペイン＆プレジャー（Passion, Pain & Pleasure）』の日本盤ボーナス・トラックとして収録）。

「キミを抱かせて／この曲でパンティ脱げてゆく／パンティの脱げるラヴ・ソング／ヒール以外は素っ裸／キミを抱いて／この曲でベイビーづくり／今夜は二人でベイビーづくり／この曲でパンティ脱げてゆく」

こうして『パンティ・ドロッパ』〜『ネイバーズ・ノウ・マイ・ネーム』〜『アイ・インヴェンテッド・セックス』の三連打はすっかりトレイの代名詞として確立されたわけだが、彼は5thアルバム『チャプター5（Chapter V）』（2012年）において、再び強力なトリロジーを作り上げる。オープニングを飾る『チャプター5』〜『ダイヴ・イン（Dive In）』〜『パンティ・ウェッター（Panty Wetter）』の流れだ。

『チャプター5』の一節に示唆されているが、この3部作でのトレイは自らの床上手ぶり、いかに自分が〈濡らし上手〉であるかをじっくりと説いていく。『ダイヴ・イン』でトレイが飛び込んでいくのは、もちろん女性の股間である。

「飛び込むよ／ Ohh oooooh ／その腿の間に／飛び込みたい／ yeah ／飛び込みたい／ yeah ／水しぶき／ねぇ君の水が滝のように／俺を濡らしていく／ yeah ／そう 君の体は嘘をつかない／もう少し近くに／そう そのまま素直に／ もっと深く潜ってもいいか？」

そして、とどめを刺すのが『パンティ・ドロッパ』の続編、『パンティ・ウェッター』だ。〈パンティ脱がせ野郎〉から〈パンティ濡らし野郎〉へと進化を遂げたトレイの破天荒なセックス・リリックは、ここで1つの到達点を迎える。

「まず服を脱げよ／でもパンティは脱がないでくれ／以前もそうだっただろ？／そう 俺がそれをびしょ濡れにするんだ／俺は君のパンティ・ウェッターだから／君のパンティ・ウェッター／それは穿いたままにしておいてくれ／ただ 横に少しずらしてくれ／演技なんてするなよ」

このあと、トレイは6thアルバム『トリガー(Trigga)』(2014年)において新機軸といえる歌詞世界を打ち出してくる。アルバム中にはいみじくも女性からなじられ続ける『Y.A.S.』(「You Ain't Shit」の略。「アンタ最低!」など相手を罵倒する際に使うスラング)なんて曲が収録されているが、ここでトレイは従来のエロ路線に加えて、新たに〈クズ男〉要素をプラス。オープニングの『ケーキ(Cake)』の第一声でいきなり「ベイビー、こんなこと言っちゃ失礼かもしれないけど／俺には女もいるけど、キミが欲しいんだ」と言ってのけると、「駐車場に出たら、別の新しい女と去る／彼女のケツ超でかいぜ」(『フォーリン(Foreign)』)、「ガール、キミのファックの相手は最強なんだぜ／俺がぶっこんでる間、写真でも撮れよ」(『タッチン・ラヴィン(Touchin, Lovin』)、「ヤリまくるけど、絶対に結婚したりしないのさ」(『デッド・ロング(Dead Wrong)』)、「星空の下で／太陽が昇るまでヤリまくるのさ／ハメて、ハメて、ハメて、酒飲んで、寝る」(『オール・ウィ・ドゥ（All We Do)』)など、畳みかけるようにしてクズ発言を連発。しまいには『ミスター・スティール・ユア・ガール(Mr. Steal Your Girl)』では「カノジョ寝取り男」という間男賛歌を歌いだしたりと、容赦ない外道っぷりは新たな馬鹿リリック・クラシックを生み出す予感に満ちあふれている。

Kana Muramatsu インタビュー
R&Bの歌詞対訳の舞台裏

Kana Muramatsu
翻訳家／通訳／ライター／ソングライター。主にR&Bやヒップホップの海外アーティストの作品に関わる。R.ケリーの作品の数多くの対訳を手がけている。

高橋芳朗（以下、高橋） まず、R&Bの歌詞の対訳をするに当たって最も留意している点、配慮する点を教えてください。

Kana Muramatsu（以下、Kana） 私の場合は「何を言っているのか」ではなく、「何を言わんとしているのか」に重点を置いて訳すようにしています。特にR&Bはストーリー仕立てなわりにすべてを語りきっていないものが多いので、想像力を発揮しないと歌詞の世界観の全貌が理解できないんですよ。歌詞を直訳していくだけでは、かなりおかしなものになってしまうんです。だから「1行1行何を言っているのか」というよりは、「何を言わんとしているのか」という観点から訳して、みなさんのイマジネーションを喚起するお手伝いができたらと思っています。

高橋 そうなると、訳者の方によって対訳の内容がかなり変わってくるのかもしれませんね。

Kana そうですね、変わってくると思います。場合によっては自分の恋愛観や経験がからんでくることもあるので。

高橋 当然、訳者さんの作家性みたいなものが出てくることになる。ということは、R.ケリーの歌詞を楽しんでいるのは、ある意味Muramatsu作品を楽しんでいるともいえますね。

Kana アハハ、なんだかおこがましいですけど。

高橋 R.ケリーが成功を収めてから、過激というよりは少しキテレツなセックス・ソングを歌うシンガーが増えてきたように思います。こうしたR&Bの歌詞の変遷について、長年R&B歌詞の対訳を手がけてきたMuramatsuさんはどのようにお考えですか？

Kana これは黒人に限らずアメリカ全体の話になるのかもしれませんが、この10年ぐらいで男女共にセックスに対する考え方がものすごく変わってきていて、それがR&Bの歌

詞に反映されているのではないかなと思っています。例えば、セフレみたいなものが当たり前の世の中になってきていて、そういう風潮を受けてエクストリームになってきているといいますか。乱暴な言い方かもしれませんが、マーヴィン・ゲイ（Marvin Gaye）やアイズレー・ブラザーズ（The Isley Brothers）が活躍していた70年代は、セックスといえば「メイクラヴ（Make Love）」だったのに、R.ケリーが出てきた90年代ぐらいからはセックスが「メイクラヴ」と「ファッキング（Fucking）」の2つに分かれてきた感じ。

高橋 それぞれどう違うのですか？

Kana 「ファッキング」はただヤルだけですが、「メイクラヴ」はロマンティックに愛し合う感じですよね。

高橋 なるほど。そしてこうしたいわゆる「馬鹿リリック」は、現地ではどのように受けとめられているのでしょうか？

Kana 面白がって聴いている人たちも結構多いと思いますよ。数年前にヒューストンでR.ケリーのショウを観たんですけど、曲を聴きながらゲラゲラ笑ってる人もいました。でも、その隣では女の子がキャーキャー叫びながらステージに向かって下着を投げつけていたりと、捉え方は本当にさまざまですね。

高橋 こうしたR&Bの歌詞から浮かび上がってくる、アフリカン・アメリカンの恋愛観や性事情の傾向みたいなものはあるのでしょうか？

Kana もちろん一概には言えませんが、性に対して男女問わず積極的なところはあります。それに言葉やムードづくりなど、愛情表現がものすごくうまい人たちだと思います。そのあたりは歌詞にもよく表れていますよね。それと、これは私の周りだけかもしれませんが、女友達が集まったりすると平気でセックスの話をします。「あいつは下手なの！」とか、自分の恋人との話も平気でしちゃう。そういうところはかなりオープンですよね。

高橋 では、これまでMuramatsuさんが訳したR.ケリーの歌詞の中でいちばん印象的だった曲はなんですか？

Kana 期待外れになってしまって申し訳ないんですけど、とにかく膨大な数の歌詞を訳しているので、他の作品に影響しないようにあとであまり読み返さず、なるべく忘れるように心がけているので、どうしても最新のものになってしまいますが、やはり『ブラック・パンティーズ（Black Panties）』の『マリー・ザ・プッシー（Marry The Pussy）』は衝撃でした！「ついにここまできてしまったか！」と。あれはさすがにびっくりしましたね〜。ここまで

妄想を膨らますようになったR.ケリーのことが、ちょっと心配になったといいますか（笑）。

高橋 アハハ、あれは確かにすごかったですよね。それではR.ケリー以外で、何か印象的だった歌詞はありますか？

Kana エロという意味では、対訳をさせていただいたミゲル（Miguel）の2015年のアルバム『ワイルドハート（Wildheart）』がなかなか強烈でした。また、真の愛を求めながら、あらゆる意味で自虐的で中毒的な愛の表現や、性の闇を赤裸々に語っているザ・ウィークエンド（The Weeknd）は衝撃的ですよね。歌詞のアプローチが完全にヒップホップ的。新世代のR&Bですね。あと、歌詞として聴くに堪えないものはR&Bよりも、むしろヒップホップのほうが多いですね。それは女性蔑視的な意味で。

高橋 ヒップホップにおけるミソジニーはしばしば問題になりますよね。

Kana でもR&Bにもたまにひどいものはあって、R.ケリーの『アンタイトルド（Untitled）』のいくつかの曲がまさにそうでした。心が折れるぐらいに不快なときも稀にあるので、そこは仕事として割り切って取り組むようにしています。

高橋 人種問題に関わってくるような過激な表現にはどう対処していますか？

Kana いちばん分かりやすいのが「ニガー（Nigger/Nigga）」ですよね。最近はラッパーに限らずR&Bシンガーでも当たり前のように「ニガー」と言うようになりましたが、それを訳すことによって非常に取り扱いの難しいこの言葉にアクセスしやすくなるので、若い子などが日常的に使ってもいい言葉だと勘違いしてしまうこともあると思うんです。大げさに聞こえるかもしれませんが、海外で不用意に「ニガー」なんて言ったりすると、下手したら命を落としかねないんですよ。そういうことを考えるとついつい躊躇してしまって、歌詞の中で特に重要な意味をなしていない場合は訳さないようにしています。本来であれば訳すべきなのでしょうけど、そもそもこの言葉に置き換えられる日本語もないですし、「お前」みたいな感じに言い換えてしまうことが多いです。

高橋 これはR&Bに限らず洋楽の歌詞対訳全般に関わる話になってきますが、日本のレコード会社の自主規制で、対訳時に使用できない言葉があると聞いたことがあります。それが対訳独特の歪曲的な言い回しにも繋がっているところもあるようですが、やはりそのあたりのご苦労は多いのでしょうか？

Kana そうですね。それこそ「バカ」

とか「アホ」とかの段階でもう使えませんから。「狂ってる」もあまりよろしくないということで「クレイジー」にしなくちゃいけなかったり、「stupid」の軽い感じで言う「silly/fool＝バカだなぁ」も使えません。だから対訳を読んでいて、古い言葉や言い回しが出てきて違和感を覚えた方もいると思うんですけど、それにはこういう事情があるからなんです。それに対訳は今後20〜30年と残っていく可能性があるわけで、そんな中で、例えば「チャラ男」というようないまは使われている造語は、20〜30年というスパンで考えると死語になっているどころか理解されない場合もあると思います。なので流行語の類はなるべく使わないようにはしています。

高橋 ライナーノーツはともかく、対訳がアップデートされることはなかなかないですもんね。

Kana そうですね。お願いしてもやらせてもらえないことのほうが多いです。

高橋 その他に主だったところではどんな言葉が使用不可なのでしょうか？　例えば「マリファナ」や「コカイン」は？

Kana 担当者の解釈によって変わってきますが、使えないことのほうが多いです。例えば日本でアイドル的に売り出そうとしているアーティストの曲に、ゲストで参加しているラッパーがマリファナについて言及していたら「いけないもの」とかに置き換えたりすることはあります。「いけないものを吸って〜」みたいな感じです。

高橋 かなりマイルドにされてしまうんですね。

Kana 「いけないもの」と訳しても「これってどうにかならないですかね？」と言われることがありますから。以前、あるラッパーの某担当者から「英語の歌詞を変えてください」と言われたときにはびっくりしました(苦笑)。

高橋 それはまたすごい話ですね！

Kana その曲は「あんなクスリもこんなクスリもやった。お陰で俺の人生はボロボロ。だから絶対にドラッグなんてやっちゃダメだ」っていう薬物乱用の危険性を訴えた啓発ソングだったんですけど。ちょっと言い回しを柔らかくしてみてもやっぱりダメで、「意訳してください」と言われて意訳してみても「クスリをやったらダメだ」と訴えているコンセプトの曲なので、「クスリ」という言葉を使うことはどうしたって避けられない。それでも「なんとか使わないようにできないか」。逆に「元の英語の歌詞をなんとか変えられないか」って提案されてしまったわけです。結局、その曲の対訳は掲載し

ないことになりました。

高橋 よく「諸事情により何曲目の歌詞は掲載していません」という但し書きを目にしますが、それはそういうケースであることが多いと？

Kana そうですね、そういうこともよくあると思います。

高橋 これは性的な言葉でもそうなんでしょうか？ 男性器そのものを指す言葉の場合、例えばR.ケリーだったらOKだけどジャスティン・ビーバー（Justin Bieber）だったらNGみたいな。

Kana R.ケリーなら「チ○コ」みたいに処理できるかもしれないですけど、ジャスティン・ビーバーは無理でしょうね。彼だったら「アレ」とか「アソコ」になるのかな。それもNGになるかも……。

高橋 さっきもそういう話になりましたけど、対訳で「俺のナニが」とか「俺のイチモツが」みたいなちょっと古い言い回しが多いのも、直接的な物言いを回避するうえでの苦肉の策だったりするんですね。

Kana 迂回して表現しなくちゃいけないのもそうだし、この先もずっと残っていく言葉はなんだろうとなると、どうしても古い言葉を優先していくことになるんですよ。だから対訳するにあたり、よく使う辞書というのは英和辞典じゃなくて英英類語辞典なんです。どうやって表現しようと悩んだときは、英語から類語を探してその類語の訳からまた類語を見て、その中でいちばん収まりのいい言葉を探していく感じです。

高橋 類義で言い換えていくことが多いわけですね。

Kana そうですね。だから訳すというよりは言い換えの作業です。「何を言わんとしているのか」を知ってもらうというのは、この歌詞が何を伝えようとしているのかを言い換えで探していく作業なのかもしれないです。

高橋 こうやってお話を聞いていくと、ブックレットの歌詞の対訳というのは単なる英語の翻訳とはまたちょっと違う特殊な作業なのかもしれませんね。

Kana だから私は、基本的に誤訳はないと思っています。もちろん私自身歌詞の意味をまったく勘違いして訳してしまうことも過去に何度かあったとは思いますが、日本語でも小説を読み終えてそれぞれの人で解釈／感想が違うのと同じようなことが、翻訳／対訳ではあると思っています。

高橋 Muramatsuさんが「みなさんのイマジネーションを喚起するお手伝いができたら」と言われたのがよく分かりました。あくまで歌詞の大意を知る一助として楽しんだほうがいい場合もあるということですね。

Kana 映画の字幕と一緒ですよね。映画の字幕は1行15文字程度と決まっているから、その場面で役者が言ってるセリフを一字一句正確には訳せませんよね。あくまでここで何を言わんとしているのかを伝えているわけで、歌詞の対訳も同じように考えてもらえたらと思っています。歌を聴いて、そこで繰り広げられるストーリーが、映像のように頭に浮かんでくるお手伝いができれば光栄です。

第4章
R師匠、接触編

2011年2月5日放送
「復活！　本当はウットリできない海外R&B歌詞の世界！
R&B馬鹿リリック大行進リターンズ
〝キング・オブ・R&B〟もしくは〝R師匠〟ことR.ケリー大特集！」

物件 01

R. ケリー
『R. ケリー』『TP-2.com』『チョコレート・ファクトリー』『アンフィニッシュド・ビジネス』『TP.3 リローデッド』『ダブル・アップ』『ラヴ・レター』の歌詞

R. Kelly　"R. Kelly" "TP-2.com" "Chocolate Factory" "Unfinished Business" "TP-3: Reloaded" "Double Up" "Love Letter"

宇多丸　当番組では**R師匠**との呼び名もすっかり定着した、キング・オブ・R&BことR.ケリー。その最新作『ラヴ・レター（Love Letter）』が大変素晴らしかった！　ので、今日はR師匠のキャリア全体を総決算。その恐るべき下ネタ歌詞の数々を振り返りながら紹介していきたいと思います。

高橋　よろしくお願いしまーす！

宇多丸　……と本題に入る前に。何やら今回、R師匠の特集をやるに当たって、**大変な事態が起こっている**という噂を小耳に挟んだんですけど。

高橋　まさかの事態が起こりましたねぇ……大変びっくりしました。

宇多丸　何が起こったんですか？

古川　簡単に言うとですね、この放送が始まる夕方にですね……**見つかったっていう。**

高橋　アハハハ！

宇多丸　「見つかった」とは？

古川　**完全にバレちゃったみたい。**

宇多丸　誰にバレたかっていうと、早い話が……**ご本人に？**

高橋　**そうなんですよ。**

古川　R.ケリーさんはTwitterというインターネットの楽しいサービスを利用していらっしゃいます。私たちの番組でも公式アカウントがいくつかあるんですが、そこで、この番組の名誉プロデューサーであるTBS橋本吉史の番組アカウントに対して、R.ケリーさんが突然**「楽しみにしてるよ！」**的なことを話しかけてきたという……。

高橋　アハハハハ！

宇多丸　**R.ケリー本人からですか？**

古川　ええ。

宇多丸　直接？

古川　直接です。

宇多丸　マジで!?

古川　はい。

宇多丸　あのね、みなさん、何度も言ってますけど、我々はR師匠とか言ってゲラゲラ笑ってますけど、本気で世界ナンバーワンのスーパースターだからね！

古川　去年のワールドカップの開会式で歌ってた人ですから。

宇多丸 誰だ？ チクったのは!?

古川 誰なんでしょう？（※古川注：日本のレコード会社経由で本人に知らせたんだそうです） しかもR.ケリーさん、橋本Pのアカウントに対して感謝のメールまで送ってくれまして。今日は橋本P、あいにく出張でこっちにはいないんですけど……。

宇多丸 （プリントアウトされた紙を見る）……「I don't speak Japanese but I know that.」なんて書いてありますよ、これ！

古川 しかもTwitterって、相手のアカウントをフォローしたりされたりする仕組みがあって、要はフォローしたら友達って感じなんですけど、いま、R.ケリーさんは**思いっきり橋本Pのことをフォローしており**……。

高橋 アハハハハ！

宇多丸 待ってくださいよ！ R.ケリーにフォローされた男っていったら、これはもう……。

高橋 すごいことですよ、これ。

宇多丸 富山県を飛び出したスーパースター、**世界の橋本吉史ですよ！**（※注：橋本吉史は富山県出身）

高橋 他に日本人なんて、R.ケリーは誰もフォローしてないから。

宇多丸 しかもR.ケリーさん、なんか僕にまでメッセージを送ってくれたそうで。「Hey, Utamaru!」みたいな。「**楽しみにしてるぜ！**」みたいな。

古川 そういうようなことを言ってくれてます。

宇多丸 となると今後、「ラッパーだって？ じゃあ、**今度コラボしようぜ！**」みたいなことがないともいえない……いや、これは本当に、ちょっと！ですね。

古川 とはいえ、ですよ。このいいムードに水を差すような**無粋な輩が**……。

宇多丸 **無粋な輩が、番組の同録**（※注：放送音源）**などを送りつけ**……。

古川 「こいつら、こんな放送してたんですよ～」などといった解説と共に……。

高橋 これ、特集のタイトルに「**馬鹿**」って付いてるからね。

宇多丸 アハハハ！ どうすんだよ!?

古川 しかしですね。ここで改めて１つ言っておきたいのは、この"馬鹿リリック"の前には、当然その精神的な部分において、「**（いい意味で）**」とい

うのがずっと付いてたんです、これは。

宇多丸 　もちろんそうですよね。「**馬鹿みたいにいい！**」、クソヤバい、みたいな言い方あるよね？　クソ自体は悪い言葉だけど、でも気持ちを強調したいがためにあえて悪い言葉を使う、みたいな。

高橋 　「馬鹿みたいにいいリリック大行進」。

古川 　**我々はずっとそういう放送をしてきたんです。**

宇多丸 　いやぁ～……**今日は緊張感のある放送ですよ、みなさん！**

古川 　あとはみなさん、Twitterで英語で実況とかしないでくださいねマジで。

高橋 　本当だよな、それ。

古川 　では慎重に始めていきましょう。前回、昨年6月にやったときには、「馬鹿リリック大行進PART3　ザ・ラスト」と銘打って「最終回です」と言ったんですが、勘のいい方ならお気づきのとおり、**最初からラストのつもりなどさらさらなかった。**

宇多丸・高橋 　アハハハ！

宇多丸 　まあね、ラッパーの引退宣言みたいなもんだからね。

高橋 　ただ、今日はいろいろ慎重にやらないと、**本当にラストになる可能性もある。**

宇多丸 　いろんな外圧とかでね。**相手は地球の芸能界でいちばんの大物だから。**とはいえ、やっぱり洋楽にそれほど親しんでない方、R&Bに親しんでない方は、R師匠ことR.ケリーがどれだけすごい人なのか分からないかもしれないので。ちょっと改めて解説してもらっていいですか？

高橋 　2010年にアメリカのビルボード誌が発表した**「1985年から2010年の25年間で最もヒット曲を生んだR&Bヒップホップアーティスト50人」**というランキングがあったんです。それで、マイケル・ジャクソン（Michael Jackson）とかジャネット・ジャクソン（Janet Jackson）、マライア・キャリー（Mariah Carey）、ホイットニー・ヒューストン（Whitney Houston）、プリンス（Prince）などを押さえて、**R師匠が1位です。**

宇多丸 　おお！　25年間でですか？

高橋 　そう。マイケル・ジャクソン以上。この25年で全米R&Bチャートのトップテン入りしたシングルは実に35曲、100位以内にランクしたシングルも84曲。

宇多丸　これはもう圧倒的な数字？

高橋　圧倒的です。メジャー・デビューから18年にわたって第一線で活躍してるっていう意味では、もうジェームス・ブラウン（James Brown）とかアレサ・フランクリン（Aretha Franklin）とか、**そういうレジェンドさえも凌駕している。**

宇多丸　だって、ずーっと全盛期みたいな感じだもんね！　ブラック・ミュージック史上に残る人でしょ。

古川　すごいな。

宇多丸　しかもいままさに、そのキャリアを更新してるんだもんね。

古川　**そんなスターがTBSの一介の社員をフォロー……。**とんでもない事態がいま、起こっているということなんですね。

宇多丸　高橋芳朗さんはいままでいろんな海外アーティストの取材をやってきて、エミネム（Eminem）だカニエ・ウェスト（Kanye West）だとかの大物をインタビューしてきてるのに、R師匠にはまず会えないんでしょ？

高橋　なかなか会えないです。この人は、本当に。

宇多丸　会えないレベルのスーパースターっていう、そんな人が橋本名誉Pと繋がって、ねぇ。

高橋　**橋本P、さっきダイレクトメッセージで出演オファーしてたからね。**さすがに無理だったみたいだけど。

宇多丸　さすが！

古川　本来Twitterでオファーできるような人じゃないんだけどね。

高橋　**8億円とかかかるかもしれないんだよ？**　本当、番組終わるぞ？っていう。

宇多丸　正真正銘の大物っていう。

高橋　でもね、そんな師匠なんですが、93年のソロ・デビュー・アルバム『12プレイ（12 Play）』の1曲目、『ユア・ボディーズ・コーリン（Your Body's Callin'）』というヒット曲があるんですけど、これの邦題がね、いきなり、「**やみつきボディ**」。

宇多丸・古川　アハハハハ！

高橋　デビューからもう一貫してる。このぶれない姿勢がR師匠の信頼されるゆえん。

宇多丸　さすがR師匠！　アメリカでは別にR師匠とは言われてないけどね。ただ、当然アメリカでも歌詞のエロさなんてのは、もう周知の事実で

しょ?
高橋　もちろん、そう。
宇多丸　美しいメロディーと、**馬鹿にいい下ネタで有名。**
高橋　そういうことですね。
古川　そんなR師匠ですが、すでに10枚もアルバムを出されていて、全曲当たっていたらキリがないわけですよ。なので今回は高橋芳朗さんがセレクションした歌詞を中心に紹介していくと。
高橋　軽く見ただけでも、**このコーナー3回分ぐらいあったね。**
古川　なので今日はそれを年代順に、デビューから最新アルバム『ラヴ・レター』に至るまで、という形で紹介していこうと思います。
宇多丸　いままでR.ケリーのことを知らない人が聴いても、これが入門編になるということですか?
古川　当然、そうなります。
宇多丸　そういう意味では、**R師匠に感謝してほしいぐらい?**
古川　そういうことになりますね。
宇多丸　どこに出しても恥ずかしくないと。
古川　胸を張って放送できる、そんな内容となっております。

古川　じゃあ、時系列順にR.ケリー師匠の歌詞を紹介していきましょう。ではまず、**デビュー・アルバムは飛ばしまして……。**
宇多丸　**バカヤロウ!**　全然キャリア分かんねえじゃねぇかよ!　さっき言ってたことと全然違うじゃねぇかよ!
古川　これは、馬鹿にいいリリックを本当に厳選したからなんです。なので、「馬鹿にいい」というレベルに達しているとなると、やはりセカンドぐらいからということで……。
宇多丸　もちろんファーストもいいけれども、と。
古川　もちろんそうです。なので、彼のセカンド・アルバムから始めます。1995年に出た『**R.ケリー**』という……。
宇多丸　セルフタイトルだ。
古川　そうなんです。なので、これが実質的には彼のデビュー・アルバムと言っても過言ではない。だから我々は間違ってないんです。なんらやまし

いことはない……。

宇多丸　**うるさいよ！**

古川　ではこのアルバムの4曲目に入ってる『ユー・リマインド・ミー・オブ・サムシング（You Remind Me of Something）』という曲からいこうと思います。

♪　『ユー・リマインド・ミー・オブ・サムシング』流れる

宇多丸　スロージャムだ。

高橋　いきなりいいもんねぇ〜。

古川　そしてまず出だしの歌詞なんですが、「**君は何かを連想させる**」。

宇多丸　これ、タイトルになってるフレーズってことだよね？　『ユー・リマインド・ミー・オブ・サムシング』。

古川　そのあとに続くのが、「**でもそれがなんだか分からない**」。

高橋　ぼんやりしてるなあ。

古川　ぼんやりしてるんですけど、要はこの曲、何かに例えてるんです。

宇多丸　**出たー！　例え！**

古川　今日の特集通じてずっと出てきますよ、例え。ただ師匠はご存じのとおり、何かに例えるということに関しては、あまり器用なタイプではな……。

高橋　（遮って）**無邪気だよね。**

古川　うん、そう、無邪気。

高橋　うまくないとか言っちゃダメだよ。

古川　すみません。

宇多丸　**自由度の高い例え、とか。**

古川　初期衝動を優先するタイプ、とか。ともかく、あまり例えにこだわらないタイプだということを分かっていただくために、こんな歌詞から見ていきましょう。どうぞ。

ジープを連想させる君、
思わず乗りたい気分になるよ
ステレオを連想させる君、
ビートみたいに突き上げたい
おまけに車を思わせる、
ツヤツヤにしてしまいたい
その上まるで預金みたいだ、
どうしても使いたくなる

R.ケリー『ユー・リマインド・ミー・オブ・サムシング』より

宇多丸　**正直、ピンとこない。**
古川・髙橋　アハハハ！
宇多丸　やりたいことは分かるよ。「キミはいろんなものを連想させる」って、いろんなものに例えていくってことなんだろうけど……。
古川　ジープから始まって、車メインの例えでいくのかな～と思いきや、なぜいちばん最後になって「預金みたい」って急に。
髙橋　「どうしても使いたくなる」って。
古川　ともあれ、例えを途中で放り出してでも歌を続けていくR師匠の偉大さみたいなのが、これでよく伝わったんじゃないかなと。
宇多丸　いいですね～。分かりました。いや、さすがです。**馬鹿みたいにいいですよ。**
古川　馬鹿みたいにいいですよね。

★

古川　じゃあ、次は2000年リリース、4枚目のアルバムですね。
髙橋　またアルバム1枚飛んだ。
宇多丸　**全然キャリアが俯瞰できてないだろ！**
古川　こればっかりは致し方がないですね。アルバムのタイトルは『**TP-2.com**』です。非常にいいタイトルのアルバムですけれども、4曲目のタイトルも負けず劣らず、なかなか素晴らしい、含蓄のある題名になっています。
宇多丸　なんですか？
古川　『ザ・グレーテスト・セックス（The Greatest Sex）』。
一同　アハハハハ！
宇多丸　単刀直入すぎるだろ！
古川　**飾らない人柄が出てますね。**
宇多丸　確かにね。なんか綺麗事言ってるようなヤツは、大抵信用できないから。
古川　いまバックに流れてます。素晴らしく美しい曲。もちろんキーワードは「**極上**」という2文字。
宇多丸　グレーテストだね！
古川　**極上**がキーワードになります。じゃあ、その日本語訳をどうぞ。

R. Kelly "R. Kelly" "TP-2.com" "Chocolate Factory" "Unfinished Business" ...

極上のお前、極上の俺
ふたりが溶け合って、
この世のものとは思えない
極上のひと時が生まれるのさ

R.ケリー『ザ・グレーテスト・セックス』より

宇多丸　ネスカフェのCMみたい。
古川　「極上のお前、極上の俺」。
高橋　ムフフフフフ。
宇多丸　なんていうの？　おいしそうな感じがするね。
古川　テイスティな感じがしますね。
宇多丸　いいね、裏切らない！　師匠、裏切らない！

古川　続いては、2003年リリースの5枚目のアルバム『**チョコレート・ファクトリー（Chocolate Factory）**』。この中の16曲目ですね、『スネーク（Snake）』という曲になるんですが……。
宇多丸　スネーク？
古川　スネークです。
宇多丸　いいね〜。まずこのスネークって、いい予感する。これはどんな歌なの？
古川　**例えです。**
宇多丸　出たね。よっ、例え！
古川　女性をヘビに見立てて、官能性みたいなものを表現しようとしている曲です。
宇多丸　女性をヘビにって、ある意味想像しやすい、例えとしては正統派な感じ？
古川　まあ、よくある例えではありますよね。ただ、『スネーク』というタイトルで、確かに女性をスネークに例えていたはずなのに、**「あれっ？」**と思う箇所があったので……そこの歌詞をお聴きください。

ジャングルで愛し合う
2匹のゴリラのように
激しく愛し合おうぜ

R.ケリー『スネーク』より

古川　「あれっ？」

宇多丸　一貫してほしいよね。

高橋　ヘビならヘビでね。

古川　せめて「**スネーク・アンド・ゴリラ**」にしてほしいですよね。

宇多丸　もしくは「**スネーク・オア・ゴリラ**」かね。「**ビーフ・オア・チキン？**」みたいな感じで。でも大きく言えばジャングル感、動物感みたいな？ **もっとみんな心をおおらかにして**っていうメッセージなのかな？

高橋　でかいね！　師匠は。

宇多丸　これね、RHYMESTERだったら、ものすごくちまちまスネーク例えで通してしまうところだけど、やはり世界ナンバーワンは自由度が高い。

古川　**帳尻なんて合わせてられるか、**と。

宇多丸　**そういうとこ、日本語ラップのセコいとこ。**気をつけて！

高橋　視野が広いね。

古川　師匠はさらにジャングル感みたいなものすら飛び越えて、**とりあえずいまの私はゴキゲンである、**というようなことを表現するに至ります。

宇多丸　待って！　ゴリラまでは、ジャングル感までは付き合うつもりだったけど。

古川　さらに飛び越えていきます。そして、私はいまゴキゲンであるということを、こういった形で表現してくれますので、そこをお聴きください。どうぞ。

俺の車のバックシートで大胆になる君
ガール、そんな君のお蔭で、俺は思わず
"パーティ!"と叫んでしまうよ

R.ケリー『スネーク』より

宇多丸　これはもう、ただの……ただの**状態**だよね。

古川　アハハハ！

宇多丸　でも要するに、例えのために例えがあるわけじゃないんだよ、と。アガってる状態なりなんなりを例えで表現したいわけなんだから、それが十分表現できているとすれば、もう例えなんかいらない……『**ワラライフ!!**』ってことですよ！（※古川注：2011年、木村祐一監督の映画。何気ない日常の中にある幸せを描いたヒューマン・コメディ。「日常の中のふとした幸せ」「良きことをストレートに言う」等を表現するとき、この映画のタイトルを叫ぶのが番組内でしばらく流行った）

古川　ちなみにこの直後の歌詞には、「**まだ家に帰りたくないだろうけど、とっととこの場からいなくなってくれ**」というフレーズも出てくるんです。

宇多丸　えっ!?　本当にそんなこと歌ってんの？

古川　そりゃだって、用事が終わったら帰りましょうよって話ですから。

髙橋　曲名は『スネーク』。

古川　忘れないように。

宇多丸　**ヘビ野郎**ってことだね。さすが！　いい！　いい！

古川　じゃあ、次のアルバムいきましょう。続いては、R師匠のソロ・アルバムではないんですが、『**アンフィニッシュド・ビジネス（Unfinished Business）**』から。

髙橋　キング・オブ・R&Bに対しての、キング・オブ・ヒップホップ、当代随一のラッパー、ジェイ・Z（JAY-Z）と全編コラボしたアルバムです。

宇多丸　これもすごかったよねえ。スーパースター同士が組んじゃったわけだから。

古川　このアルバムの7曲目に『モー・マネー（Mo' Money）』という曲があります。この中に、ちょっと考えオチというか、師匠にしては……。

宇多丸　**小ざかしい？**

古川　いやいや、テクニカルな、テクニカルなラインがあります。

髙橋　言い方には気をつけましょうね。

古川　その1ラインを聴いてみてください。どうぞ。

生まれながらのピンプ、
最初の女は看護婦だったぜ

R.ケリー＆ジェイ・Z『モー・マネー』より

宇多丸　「ピンプ（Pimp）」というのは嬪夫ね。娼婦に貢がせたり斡旋したりするモテ男。もしくはヒモ。これはつまり、産まれた瞬間から病院の看護婦をこましてやったぜ、みたいな。それくらいモテてきたぜ、と。

高橋　そう。

宇多丸　これは普通にうまいじゃないですか！

高橋　これはカッコいいね。

宇多丸　ちょっとラッパーっぽい、セルフボースト（自己誇示）だね。

古川　希代のラッパーを目の前にして、やはりR師匠も触発されるところがあったんでしょうか。このあと2人の掛け合いで進んでいくんですけれども、師匠はとにかく女にモテて忙しいんだと。なので、**俺はいまこんなスケジュールで動いてるんだ**ってことを、かなり克明に知らせてくれます。

宇多丸　これは興味深い。

古川　その部分の歌詞を聴いてください。どうぞ。

スーパースターとデートの約束なんだ
ランチを12時頃
ショッピング・モールに2時頃行って
映画を5時頃から観て
7時から9時は俺の家で、
俺のイチモツがノンストップで
活動すんのさ

R.ケリー＆ジェイ・Z『モー・マネー』より

古川　なかなかのハードスケジュールじゃないですか?

宇多丸　ハードスケジュールって、**遊んでるだけじゃねぇか!**　うちの事務所のマネジャーだってもうちょっと忙しいよ!

古川　いやいや大変ですよ。買い物もして、映画も観なきゃいけないし、家帰ってきたら帰ってきたで、もうノンストップで活動するわけですから。

高橋　**映画を観てる時間とイチモツがノンストップで活動してる時間が、ほぼ同じくらい。**

宇多丸　確かに。

高橋　素晴らしいです。

古川　で、同じアルバムの9曲目には、『ブレイク・アップ(ザッツ・オール・ウィ・ドゥ)(Break Up (That's All We Do))』という曲が入ってます。いまバックで流れてますね。

宇多丸　カッコいいねぇ。

古川　この曲のテーマを簡単に言うと、**ケンカのあとのセックスっていいよね**、ということです。

宇多丸　『ワラライフ!!』だ!

古川　『ワラライフ!!』ですね。この曲はジェイ・Zさんからも素晴らしいラインがどんどん出てきます。いま、手元にあるのを読み上げると、例えば「**不和の後の仲直りセックスっていつも最高だよな**」。それを受けてR.ケリーさんは、「**仲直りするために別れるようなもんさ**」。

宇多丸　アハハハ!　いいね!　堂々たるパンチラインの応酬!　でもこれをさらに上回る、馬鹿にいいラインがあるってことだよね?

古川　はい。これぞ、ということを師匠が言ってくれてます。ちょっと長いんですが、聴いてみてください。

セックスが全てを変えてくれる
一発、ハメれば
もうケンカのことなんか忘れちまう
セックスをすれば、
キミも素直に謝ったりするし
俺もどこにも行きたくない、
って思っちまうのさ
プッシーの力ってのは偉大だぜ
ブラザーを肝心なところで
しめてくれるもんな

R.ケリー&ジェイ・Z『ブレイク・アップ(ザッツ・オール・ウィ・ドゥ)』より

宇多丸　**最後にとんだおやじギャグが！**
古川　出ました〜。
宇多丸　途中まではこれ、なんか本当に……**作文だよね。**なんだけど、最後にちゃんとビシッとうまいこと言ってくれるから。
古川　やっぱジェイ・Z相手には気が抜けないって感じがあるんですかね。
高橋　けどさ、日本でもこういう表現するけど、向こうでも言うんだね。
宇多丸　**夫婦仲と壊れた襖はハメれば直ります、**みたいな。万国共通ですよ。**だからこそ我々もリスペクトを捧げるわけだから。**
古川　この曲はさっきも言ったように、ジェイ・Zも一歩も引かず、2人のつばぜり合いがすごいんですよ。そして後半、**R師匠が完全にブチ切れて、**とにかく圧倒的な場所が出てきます。
宇多丸　圧倒的？
古川　はい。私どもはこれを「**セックスすごろく**」と呼ぶことにしたんですが……いいですか、みなさん、セックスすごろくですよ！
宇多丸　**セックスすごろく？**
古川　師匠による、そのセックスすごろくの部分をどうぞ。長いですけど。

バスルームからキッチンに
移動しながら
セックスするのさ
キッチンからリヴィング・ルームに
移動しながら
セックスするのさ
リヴィング・ルームから２階に
移動しながら
セックスするのさ

R.ケリー＆ジェイ・Z『ブレイク・アップ（ザッツ・オール・ウィ・ドゥ）』より

宇多丸 ちょっと待って、どこまで続くの……？

2階から屋根裏に移動しながら
セックスするのさ
屋根裏から地下室に移動しながら
セックスするのさ
地下室から車庫に移動しながら
セックスするのさ

R.ケリー&ジェイ・Z『ブレイク・アップ(ザッツ・オール・ウィ・ドゥ)』より

宇多丸 「移動してから」じゃないからね、「移動しながら」だもんね。

車庫からジープの後部席に
移動しながら
セックスするのさ
自転車の上で、トレッドミルの上で
セックスするのさ
汚い芝生の上でも
セックスするのさ

R.ケリー&ジェイ・Z『ブレイク・アップ(ザッツ・オール・ウィ・ドゥ)』より

宇多丸 表出ちゃった!

近所の連中に犬までビックリしてるぜ
俺達のセックスを見て
俺はちっとも気にしないぜ、
だってキミは俺のベイビー
セックスするのさ
ここは俺たちのうちだぜ、
セックスしたっていいじゃねぇか
セックスするのさ
好きなときに好きな場所で
セックスするのさ
俺達の勝手だろ

R.ケリー&ジェイ・Z『ブレイク・アップ(ザッツ・オール・ウィ・ドゥ)』より

古川　**セックスすごろく、あがり〜。**
一同　アハハハハハハ!!
高橋　なげえ!!
宇多丸　長いね〜。長い展開の果てに**「セックスするのさ　俺達の勝手だろ」**。最後だけちょっと乱暴になるのもいいね。「セックスしたっていいじゃねぇか」。
古川　それはそうですよね。ごもっともとしか言いようがない。
宇多丸　いや、でも、表でしてるのはちょっとね。近所の人がビックリしちゃうから。
高橋　**犬までビックリしてますから。**
宇多丸　畳みかけてきたね〜。
古川　これ、実際どんな感じに歌ってるか、曲を軽く聴いてみますか。こんなふうなんですけど。

♪　『ブレイク・アップ(ザッツ・オール・ウィ・ドゥ)』流れる

古川　**すごい回数セックスって言ってるな。**
宇多丸　でもこれ、ライブとかだとみんなで「♪ We Sex」って一緒に盛り上がれるわけだから。うまい作りだよね。うん、音楽として聴くと一発で納得なんだけど、**字面にするとやっぱりちょっと、ねえ。**
古川　いや、素晴らしい曲でした。

★

古川　師匠はこれ以降も手綱を緩めず、2005年に7枚目となる**『TP.3 リローデッド(TP.3 Reloaded)』**というアルバムを出します。これがもう、**大変な名盤でしてね。**
高橋　あくまで、**このコーナー的名盤。**
宇多丸　**馬鹿みたいにいいぞ、と？**
古川　そうなんです。このアルバムの2曲目が**『ハッピー・サマータイム(Happy Summertime)』**という曲なんですが……。
高橋　**モーニング娘。みたいなタイトルだよね。**

♪ 『ハッピー・サマータイム』流れる

宇多丸　お〜、カッコいいじゃん！
古川　フィーチャリングされているラッパーは、こちらもスーパースターであるスヌープ・ドッグ（Snoop Dogg）。
高橋　いいね。気持ちいい曲です。
古川　でも師匠、こういうことをさらっと入れてきます。

セックスしてから、何か食いに行こう

R.ケリー『ハッピー・サマータイム』より

高橋　**普通逆だと思うんですけどね。**
古川　どっちでもいいんじゃん？
高橋　どっちでもいいかなあ。
宇多丸　セックスしてからご飯食べるときも、ご飯食べてからセックスするときも、両方あるんじゃないの？　**これを『ワラライフ!!』と言うんじゃないの？**
古川　『ワラライフ!!』！

古川　はい、じゃあ2曲目はこれで終わりで3曲目。食欲繋がりといいましょうか、『イン・ザ・キッチン(In The Kitchen)』という曲があります。

♪　『イン・ザ・キッチン』流れる

宇多丸　これまたカッコいい！
古川　ただ、中身はタイトルから察せられる人も多いかと。
宇多丸　まあ、それはそうでしょ。だってキッチンで、それはさ、ほら……。
古川　**ム〜ラムラ**的なことですね。
宇多丸　ム〜ラムラじゃすまないだろ、この人は。
高橋　**ノンストップだよ？**
古川　この曲ではR師匠の繊細な情景描写が冴えわたりますので、ぜひその部分に耳を傾けてお聴きください。

セックス・イン・ザ・キッチン、
コンロの上で
カウンターの上のバターロールの横に
キミを押し倒して
片手はテーブル、
もう片方の手はキミのつま先に
(ガール)
閉店後のレストランにいるみたいに、
激しくメイクラヴするのさ

R.ケリー『イン・ザ・キッチン』より

宇多丸　コンロの上ってちょっとゴツゴツしてない？　あ、あれかな？　**IHかな？**

古川　「閉店後のレストランにいるみたいに、激しくメイクラヴするのさ」って、**閉店後のレストランはメイクラヴしていい場所じゃないですからね。**

宇多丸　それはそうだ！　R師匠の話術にすっかり呑まれてた。

古川　我々もすっかりそう思い込んでしまうところでしたね。

高橋　危ない危ない。

古川　じゃあ、次の曲いきましょう。『プット・マイ・Tシャツ・オン（Put My T-Shirt On）』。さっき、セックスで仲直りって万国共通なんだね、みたいな話が出ましたが、この曲も、男の夢って万国共通なんだってことがよく分かる歌詞です。どういうことか見てみましょう。

オレのホワイトTシャツを着たキミと
セックスしたいのさ
オレのホワイトTシャツを着たキミに
ハメたいんだ
オレのホワイトTシャツを着たキミを
イカせたいのさ
ガール、オレのホワイトTシャツを
着てくれよ
カモン

R.ケリー『プット・マイ・Tシャツ・オン』より

宇多丸　「**カモン**」が効いてるね！

高橋　よく聞くもんね、泊まりにきた彼女にワイシャツを着せたい的な願望って。

宇多丸　さすが師匠、ニーズが分かってらっしゃる。

古川　分かってらっしゃいます。さらに次も、これもある意味、男の願望なのかな？　R師匠の歌詞の中に出てくる一連として、「**会社休むシリーズ**」というのがあるんですね。

宇多丸　会社休むシリーズ？

古川　はい。そういうシリーズがあります。まずは聴いてもらったほうが早いかな。どうぞ。

最初は仕事に行くつもりだったけど
今日は休むことに決めたぜ
全ては、そのTシャツのせいさ

R.ケリー『プット・マイ・Tシャツ・オン』より

高橋　フハハハ！

宇多丸　決して上司には伝えられない欠勤理由だよね、「Tシャツのせい」って。

古川　そして、あくまで自分のせいではなくお前のせいだというところも、またいつもの師匠流儀で。

宇多丸　でも、いいんじゃない？　『ワラライフ!!』的だしさ。これはこれで生産的だし。

古川　はい。この曲はずっとこういうふうに、師匠がとにかくTシャツを着せた彼女に向かって**会社を休んでくれと懇願し続ける**んですが、最後にどうなるかというと……。

こっちに来いよ
なぁ、もう遅刻は確実だぜ
今日は休むことにするよ
だから、キミも電話しろよ
今日の予定は全部キャンセルしてくれ
オーケー
今日はずっとベッドで過ごそうぜ、
そして‥‥

R.ケリー『プット・マイ・Tシャツ・オン』より

古川 このような余韻を残して終わる、と。
宇多丸 噛みしめてるんだろうね。あと、とにかく言えることは、**勝手！**
古川 オレはもう休んだし、っていう。
宇多丸 「**オレはもう休むことに決めたから、お前も休めよ**」って、ろくでもない男だけど、**やっぱり飾らない人柄。**
古川 引っ張っていくタイプっていうのかな？
宇多丸 こういうのがうれしい女性もいるでしょ。「ステキ♥」なんつって。
高橋 いつか怒られるんじゃないかな、こんなことばっか言ってると。

★

古川 で、この『TP.3 リローデッド』にはまだまだいいのがありまして。
宇多丸 まだあるの？
高橋 名盤だから。
古川 6曲目、タイトルは『リモート・コントロール(Remote Control)』。
宇多丸 なんだろうね？
高橋 タイトルだけでいろいろ想像できる。
宇多丸 例えの曲としても、いろんな方向にいけるからね。
古川 じゃあ、サビに当たる部分の歌詞を聴いてください。どうぞ。

オレはキミのリモコン、
オレに触れてスイッチをオンにしてくれ
歌わせてくれ、
そしてスローモーションにすればいい
ベイビー、
決定を押して、早送りしてくれよ
ガール、
オレはもうキミがプログラムした通りに動くよ
キミが考えながらボタンを押す
その姿がたまらないぜ!
思わずオレがリモコンを奪って
キミを一時停止しちまいたいくらいさ

R.ケリー『リモート・コントロール』より

宇多丸　**師匠、ちょっと待ってください。**何を例えてたのかが途中からよく分からなく……**「オレ」がリモコンだったんじゃないの!?**

古川　はい。

宇多丸　なのに最後に急に「思わずオレがリモコンを奪って」って、**え?**っていう。なんか落語の不条理オチみたいな。

古川　帳尻合わせとか、そういうのは師匠は気にしないから。

髙橋　初期衝動優先で。

宇多丸　「スローモーションにすればいい　決定を押して、早送りしてくれよ」ってなんだかよく分かんないしさ！

古川　この曲はもう**全体的にこんな感じです。誰が主で何が従なのか分からない例えがずっと続く。**

宇多丸　**リモコンなんて、例えの中では比較的簡単そうじゃない？**

髙橋　言われてみればそうだな。

宇多丸　でもさすが師匠だね、そんな我々の考えるようなところには……。

髙橋　**どんどんはみ出していくから。**

宇多丸　俺らの想像の範囲に収まらないっていうところがさ。

古川　さすがですよね。このアルバムまだまだ続きます。

古川　次の曲は、『**レゲエ・バンプ・バンプ（Reggae Bump Bump）**』。

髙橋　**英語圏の人とは思えないタイトルのつけ方だよ、これ。**

宇多丸　いいじゃない、気取りがないよ！

古川　フィーチャリングはエレファント・マン（Elephant Man）というレゲエDJ。

宇多丸　やっぱりレゲエなんだね。

古川　お聴きいただくのは曲の出だしです。非常に勢いがある、習字で出したらでっかく花丸がついて返ってくるような、こんな出だしです。

すげぇ曲が出来たぜ!

R.ケリー『レゲエ・バンプ・バンプ』より

一同　アハハハ！

宇多丸　すごいですね〜。まあ最初のシャウトの部分ってことなら、こんくらい言うかもね。むしろ訳の仕方にちょっと半笑い感も感じなくもないよ。

古川　じゃあ次も『TP.3 リローデッド』から。9曲目、『タッチン（Touchin'）』。

宇多丸　**「タッチン」**って片仮名で書くとさ、なんか小学校のときの幼馴染のあだ名みたい。

古川　タッチン（↑）じゃないですよ。

宇多丸　タ（↑）ッチンね。触るほうのタッチ。

古川　これはニヴェア（Nivea）という女性シンガーとデュエットした曲です。このニヴェアさんが、師匠とデュエットするということで非常にテンションが上がってしまったのか、かなりうっかりしたことを……。

宇多丸　普段のニヴェアさんならまず言わないようなことまで歌っちゃってる？

古川　そのようですね。

高橋　すごい可愛らしいシンガーなんだけど。

宇多丸　あらら、どうしたんでしょう。

古川　その部分、じゃあ聴いてみてください。

私には予感がするの、これは
歴史上最高のセックスに
なるんじゃないか、って

R.ケリー『タッチン』より

宇多丸　**生物史の頂点にいま立とうとしている、その予感！**『パラサイト・イヴ』みたいな感じ？（※注：ミトコンドリア遺伝子が人類に対して反逆する瀬名秀明によるSFホラー小説）

高橋　これは個人史じゃなくて世界史なんだね。

宇多丸　すごいね〜。

高橋　**完全に師匠に呑まれちゃってる。**

古川　いいですね。

宇多丸　馬鹿にいいよ、これも！

古川　では次も『TP.3 リローデッド』から。

宇多丸　このアルバムまだ続くんだ。

古川　8曲目、9曲目ときて、今度は10曲目。タイトルは**『ガールズ・ゴー・クレイジー（Girls Go Crazy）』**。

高橋　さっきからタイトルが良すぎ。

宇多丸　もうお祭りだ！

古川　かなりアゲアゲです。ラッパーのベイビー（Baby）という人がフィーチャリングされてるんですが、この歌詞がまた素晴らしくて。あえて私なりに日本語で雰囲気を伝えるならば、**「女祭り開催中！」**。

宇多丸　「女祭り開催中！」、あららら〜、楽しげな。

古川　そう言わざるを得ません。その歌詞、聴いてみてください。

高級車で乗りつけりゃ、
ガールズが大騒ぎ
クラブに入りゃ、
ガールズが大騒ぎ
コニャックをすすりゃ、
ガールズが大騒ぎ

R.ケリー『ガールズ・ゴー・クレイジー』より

宇多丸 おかしくねぇか?

第4章　R師匠、接触編

曲をかけりゃ、
ガールズが大騒ぎ
パンツを下げりゃ、
ガールズが大騒ぎ
歩きまわりゃ、
ガールズが大騒ぎ
ハメりゃ、
ガールズが大騒ぎ
オレはガールズを大騒ぎさせられれば
満足なのさ

R.ケリー『ガールズ・ゴー・クレイジー』より

宇多丸　途中まではいいですよね。高級車で乗りつける、「キャー！」。クラブにR師匠入ってきた、「キャー！」。コニャック、まあすてき、「キャー！」。曲もすてき、「キャー！」。**パンツを下げりゃ……。**

古川　「キャー！」

宇多丸　**別の意味で「キャー！」だろ、これ！**

古川　多分SPとかも大騒ぎになってるんじゃないかな。

宇多丸　繋げると、クラブの中を下半身丸出しで歩き回っていた師匠が、その場でハメちゃってるわけだから。

古川　アメリカンショウビズ界も大騒ぎでしょうね。

高橋　**語呂の悪さもない？**

宇多丸　確かに、もうちょっと文字数を合わせてくれりゃいいのにっていうとこあるよね。

古川　ということで、これで『TP.3 リローデッド』というアルバムがいかに充実した作品だったかご理解いただけたと思います。

宇多丸　いやー、堪能した。

高橋　名盤だわ、名盤！

★

古川　では続いて2007年リリース、8枚目のアルバム『**ダブル・アップ（Double Up）**』から、5曲目に入っている『リーヴ・ユア・ネーム（Leave Your Name）』という曲です。

高橋　「名前を残してください」。要するに留守電ですね。

古川　となると、出だしはこれしかない。どうぞ。

R.ケリーだ
残念だけど、今寝てるんだ

R.ケリー『リーヴ・ユア・ネーム』より

一同 フフフ……。
古川 キレのいいオープニングですよね。
高橋 これ吹き込んでから寝たのかな？
宇多丸 寝てる最中を想像させる歌もなかなかないよね。
古川 そしてコーラスに入りますが、これはコーラスというよりは、**「ショートコント『こんな留守電はイヤだ』」**みたいなものだと思って聴いてもらったほうがよろしいかと思います。

名前を言ってくれ
発信音の後にな、間違いなく
かけ直すからよ
寝てるか
ハッパ吸ってっか
セックスしてっか
姿をくらましてるか、
ベイビーを作ってるかしてなきゃな

R.ケリー『リーヴ・ユア・ネーム』より

宇多丸 「セックスしてっか」と「ベイビーを作ってるか」は同じだと思うんだけど。
高橋 確かに。
古川 あるいは、R師匠の中では厳密に分けられてるのかもしれない。
高橋 「姿をくらましてるか」ってのもいいよね。
宇多丸 R師匠にもそういうときあるんだね。

★

古川 引き続き8枚目のアルバム『ダブル・アップ』から、12曲目の『ロック・スター（Rock Star）』。フィーチャリングは人気ラッパーのリュダクリス（Ludacris）とキッド・ロック（Kid Rock）。

♪ 『ロック・スター』流れる

宇多丸 カッコいいじゃないですか！
高橋 まさにロックっぽいギターが鳴り響いてます。
古川 ロックっぽくて勇ましい曲で、ここでR師匠、オレもガツンとやってやらなきゃと思ったのでしょう、**とても荒々しい下ネタが飛び出します。**聴いてください。

ハードにハメるぜ
キミのアソコがしゃっくりしてる
みたいな音が聞こえてくるはずだぜ

R.ケリー『ロック・スター』より

高橋　極悪……。
宇多丸　いわゆる、**膣なら**というやつですか？　性行為中に女性器から空気の入った音が出るという……。
古川　**マンペと呼ぶ人もいるとか。**
高橋　この話題はあんまり追っかけたくないな〜。
宇多丸　とにかくまあ、この世ならぬ音が下半身から聞こえてくる、と……。**しかし下品な表現するね、この人はホントに！**

★

古川　続いて同じアルバムの15曲目、『スウィート・トゥース（Sweet Tooth）』。
宇多丸　甘い歯？　どういうこと？
古川　どういう意味なんでしょう。歌詞を見てもらえば分かると思います。どうぞ。

ガール、キミと２人きりになりたいんだ
そのケツがどんなことするのか
知りたいのさ
ベイビー、まずこの甘党のオレに
どんなことするのか教えてくれよ

R.ケリー『スウィート・トゥース』より

古川　「スウィート・トゥース」、要は甘党って意味なんだそうです。
宇多丸　でもケツがどうのこうのって、何？
古川　歯を立てるとか、そういう含みも持たせてるのかもしれません。
宇多丸　あ、そういうこと？
高橋　**「ケツがどんなことするのか知りたいのさ」**って、結構限られてると思うんだけど……。
宇多丸　いやいや、ちょっと待ってください高橋芳朗さん！　そんな、あなただって知ってるでしょう！　ケツはシットするだけじゃないですよ！
高橋　そうなんですか？
宇多丸　いろんなことをするよ、あれは！
古川　**あのケツはね〜。**
宇多丸　**あのケツはね〜。**
古川　あとはこの曲、とにかく「キミの甘いなんとか〜」みたいなのがずっと続くんですが、最後の最後でR師匠が至極真っ当な注意を受けます。
宇多丸　注意？
古川　甘いものばっかり食べてるとね。で、それに対してのR師匠の反論も合わせてお聴きください。どうぞ。

医者が甘いものは控えるように、
って言ってたけどよ、
知らねぇよ
カモン、
オレの血糖値を上げてくれ

R.ケリー『スウィート・トゥース』より

一同　**いいね〜！**
古川　糖尿病なんか知ったこっちゃねぇよっていう。
宇多丸　「知らねぇよ」って、いいね。
高橋　**「カモン」と「血糖値」って言葉の相性の悪さも半端ないね。**
宇多丸　でもこの曲、最後まで甘いもの例えでちゃんと通してるんだよね。いいじゃない、うまいじゃん。**甘党だけにうまい部類ですよ。**

古川　そしてアルバム『ダブル・アップ』から最後、16曲目『ハヴィン・ア・ベイビー（Havin' A Baby）』です。
宇多丸　これはストレートにきましたね〜。
高橋　「子どもができた」。
古川　この曲では、女性ゲストがR師匠に対して喋るような感じで、「赤ちゃんができたのよ」なんて告げるところがあるんです。いいですよね。ただその伝え方が、**僕にはちょっと特殊に聴こえたんで……。** みなさんにも聴いてもらっていいですか？

ヒントをあげるわ
歩く前に這うのよ
何年かしたら話すようにもなるわ

R.ケリー『ハヴィン・ア・ベイビー』より

古川　逆に難しくない？　このヒント。

宇多丸・高橋　アハハハハ！

高橋　「子どもができた」って言えよ！

宇多丸　**なんか人間じゃないものが産まれる想像しちゃったよ。**

高橋　「歩く前に這うのよ」とかね。

宇多丸　こんな教え方をされるのはちょっとゾッとしちゃうね。

古川　ただ、この曲、最後にはとても感動的なフィナーレが待ち構えております。

宇多丸　おっ？

古川　その部分をお聴きください。

そして9ヵ月後
リキんで
頑張って
リキんで
頑張ってくれ
リキんで
カモン、ベイビー
リキんで

R.ケリー『ハヴィン・ア・ベイビー』より

宇多丸　えっ!?　出産シーン!?
古川　ここを実際、R師匠はどう歌ってるか。流れますかね、いま。

♪　『ハヴィン・ア・ベイビー』流れる

宇多丸　「リキんで」は「Push, Push!」だ！　やべぇ、ちょっと感動的！
古川　感動的ですよね。これで曲が終わるんですよ。
宇多丸　やっべえ！　いままでR師匠、下ネタばっかり歌ってたけど、やっぱ**セックスのなんたるかはちゃんと分かってるんだ！**　最終的には新しい命の誕生を讃えて終わるっていう……。
高橋　でも「ヒントをあげるわ」で始まって、曲の最後で「**そして9ヵ月後**」ってなってるのがちょっとやっぱり……。
宇多丸　いいじゃない、このスケール感。ストーリーテラーですよ！
古川　**映画を観てるようですね〜。**

古川　というわけで、お疲れさまでした。いよいよ最後になります。現時点（※注：2011年2月）でのR師匠の最新アルバム、『**ラヴ・レター（Love Letter）**』から。このアルバムはどんなアルバムですか？　高橋さん。
高橋　古いソウルにオマージュを捧げたアルバムなので、普段の師匠に比べるとエロネタは抑え目なんですよ。
古川　6曲目の『ジャスト・キャント・ゲット・イナフ（Just Can't Get Enough）』。70年代あたりのニューソウルっぽいですよね。
宇多丸　パッと聴き普通にいい感じですね。普通にカッコいい。カッコいい……**んだけども！**ってことなんでしょ？
古川　このアルバム、他の曲はすべて美しいラヴソングなんですよ。でもこの曲だけ、歌詞カードを**二度見せざるを得ない**ことになっていて。それを今回のフィナーレとさせてください。それでは……どうぞ！

キミは俺のミス絶倫レディだね
俺をこんな風に絶倫にするんだから
キミは俺のミス絶倫レディ
キミの愛が欲しくなると
キミは必ず俺の精力を癒してくれる、
ミス絶倫レディ
最初にキミの愛を注入してから、
もう中毒なのさ
だからもっとおかわりしたくなるんだ
おかわりしたくなるんだ
いつも、おかわりしたくなるんだ、
おかわり
もっとおかわりしたくなるんだ

R.ケリー『ジャスト・キャント・ゲット・イナフ』より

宇多丸　**変わってねー！**
古川　「おかわり」っていうのが最高！
宇多丸　**「絶倫レディ」**っていうのも分かんないし。
古川　いやでも、この曲だけが突然おかしくなるんですよ。他の曲は本当にキレイでロマンティックな曲ばかりです。本当に謎。
宇多丸　らしいね。じゃあアレは？　このまま下ネタが減っていって**「R師匠、下ネタ引退か？」**なんて予測もありますけど。そのあたり、どうなんですか？
高橋　それがですね、最新のインタビューでは早々と、**次作では再びエロ路線に戻ると宣言しています！**（※古川注：2012年の次作『ライト・ミー・バック（Write Me Back）』は引き続き70年代ソウル調だったものの、2013年の『ブラック・パンティーズ（Black Panties）』では遂にエロ路線にカムバック！　詳細はP.275の第5章へ）
宇多丸　これは心強い！
高橋　いまのところ師匠の代名詞といえる『12 プレイ』というアルバムシリーズの続編として、予告されたタイトルが**「ザ・リターン・オブ・12 プレイ：ナイト・オブ・ザ・リビング・デッド」**。意味が分からなすぎるっていう（※注：結局、お蔵入りに）。
宇多丸　素晴らしい！　じゃあ、まだまだR師匠特集、期待できるってことなんですね……？
高橋　間違いないと思います！
宇多丸　分かりました！　それでは、以上「本当はウットリできない海外R&B歌詞の世界！　馬鹿にいいリリック大行進リターンズ」でした！　R師匠、ありがとうございました!!

高橋芳朗コラム #4

究極の馬鹿リリック!?
R.ケリーのパロディ・ソング　その1
デイヴ・シャペル編

いまとなっては「リディキュラス（馬鹿げている）」なものとして、楽しむことを本人が推奨しているようなところがあるR.ケリーのセックス・リリックだが、そんな彼の歌詞をわざわざパロディ・ソングまで制作して初めて大々的に茶化してみせたのがアメリカの人気コメディアン、デイヴ・シャペル（Dave Chappelle）だ。

人種を題材にした過激なジョークで一世を風靡したシャペルが、R.ケリーを標的にしたのは2003年3月。「21世紀最高のTVコメディ・ショウ」との誉れも高い冠番組『Chappelle's Show』のファースト・シーズンでのこと。タイミング的にはちょうどケリーがひさびさのミリオン・ヒット『イグニッション・リミックス（Ignition (Remix)）』を放ってキャリア第2のピークを迎えていた時期。そしてなんといってもアメリカのエンターテインメント業界を揺るがす大事件へと発展したケリーのセックス・テープ流出が発覚した直後ということもあり、狙いすましたかのようにシャペルが投下したケリーのパロディは全米で大反響を巻き起こすことになった。

シャペルがいかに容赦ないパロディ・ソングを作ったかは、『(I Wanna) Piss On You』というタイトルに一目瞭然だ。題して「お前にションベンぶっかけたい」。この表題どおり、歌詞はシャペルのもう1つの真骨頂といえる凶悪な下ネタのオンパレードになっているわけだが、当時くだんのセックス・テープ流出に伴う性犯罪疑惑でアーティスト・イメージが大暴落していたR.ケリーにとって、追い討ちをかけるようなシャペルのパロディは、迷惑千万この上ないものだったに違いない。

どうしても歌詞のインパクトに耳を奪

われがちな『(I Wanna) Piss On You』ではあるが、その一方でケリーの2001年のヒット曲『フィーリン・オン・ヨ・ブーティ（Feelin' On Yo Booty）』のメロディをさりげなく引用していたりと、音楽面でのディテールの作り込みにもぬかりはない。それはシャペルがノリノリでケリーを演じるミュージック・ビデオにしても同様で、チープながらもギャグの破壊力を確実に増幅させる、実に味わい深い仕上がりになっている。

デイヴ・シャペル
『(I Wanna) Piss On You』より

目を閉じて、俺にキミの顔を見せてごらん……

そこにションベンぶっかけてやっから

ヘイター達はいつだってヘイトする
ラヴァー達はいつだって
愛し合いたいのさ
俺は全く求めてないのさ
どっちもな
ただお前にションベンぶっかけて
やりたいだけ
そうさ、ションベンぶっかけてやるよ
お前におしっこかけてやる

キミの身体、キミのボディは
おまる〜
おしっこしたら、キックをキメるのさ

お前の身体に空手チョップ
お前におしっこかけたいのさ
ポタ、ポタ、ポタ、ポタ、滴り落ちる
そうさ、お前におしっこかけてやる
う○こもぶっかけてやる、う○こも

もう今までの自分とは違う自分に
気付くはず
俺の「ハーシー・チョコ」色の
シミの匂いを一嗅ぎすれば
お前にう○ちをぶっかけたい
お前のメシにおしっこ入れたい
俺の人生が完璧になるのは
お前の顔を便器にしてやるとき
お前におしっこかけたいのさ
当然だろ
そうさ、お前におしっこかけてやる
しょんべんぶっかけてやる

(一部抜粋して引用)

第5章
時代がR師匠と俺たちに追いついた編

2013年12月21日放送
「本当はウットリできない海外R&B歌詞の世界!
R&B馬鹿リリック大行進2013
世界の〝R師匠〟ことR・ケリーが送る、
驚異のニュー・アルバム『ブラック・パンティーズ』大特集」

物件 01

R. ケリー
『ブラック・パンティーズ』の歌詞
R. Kelly "Black Panties"

1992年、『ボーン・イントゥ・ザ・90's (Born Into the 90's)』でメジャー・デビューした、名実共に現代アメリカR&Bを代表するシンガー／ソングライター／プロデューサー。米ビルボード誌が2010年に発表した「The Top 50 R&B/Hip-Hop Artists of the Past 25 Years (この25年間で最もヒットを生んだR&B・HIPHOPアーティスト トップ50)」において、マライア・キャリー、ホイットニー・ヒューストンといった名立たるアーティストを押さえ堂々1位に。2013年のアルバム『ブラック・パンティーズ』に続き、2015年12月に待望のニュー・アルバム『ザ・ビュッフェ (The Buffet)』をリリースした。

国内盤

US輸入盤 (通常盤)

どういうこと？

我々のやってきたことにやっと世界が追いついてきました！

宇多丸　本当はウットリできない海外R&B歌詞の世界！　R&B馬鹿リリック大行進2013、世界の"R師匠"ことR.ケリーが贈る、驚異のニュー・アルバム『ブラック・パンティーズ』大特集〜！

高橋　よろしくお願いしまーす！

宇多丸　本日紹介するのは、2013年12月18日に日本盤が発売されたばかりの、R師匠の最新アルバム。その名も……**『ブラック・パンティーズ(Black Panties)』！**　なんでも、このアルバムが発売される直前あたりから、アメリカでも**R.ケリーさんを取り巻く状況に変化が訪れているそうなんですが**……どういうこと？

高橋　番組で付けた"R師匠"という呼び名。その名前を生み出した、**我々のR.ケリー観**がですね、**世界的に共有されつつある**ようなんですよ。

宇多丸　R.ケリー観！

高橋　なんていうんですかねぇ……**世界が「タマフル」に追いついた？**

宇多丸・古川　ほうほうほう。

高橋　我々は**R師匠評論の最先端**を行っていたということが、これで証明されたと言っても過言ではないのではないでしょうか。

宇多丸　どういうこと？

高橋　順を追って説明しますと、前回2011年2月5日の「馬鹿リリック特集」では、R師匠の全キャリアを総括したんですね。そのとき、まさかの事態が起こりました。みなさん、覚えてらっしゃいますかね。**R師匠サイドに「馬鹿リリック特集」をやることがバレたんです**（※P.207参照）。

宇多丸・古川　アハハハハ！

高橋　R師匠がTwitterで橋本名誉PのTwitterアカウントをフォローして、直接、「今夜、俺の特集やるんだろ、楽しみにしてるぜ！」と。

宇多丸　やばいぜ〜！

高橋　そんな異常事態が発生しました。

古川　珍事として記憶されてますね。

高橋　**ま、そのあとTwitterのフォローはすぐに外されたんですけど……。**

宇多丸・古川　アハハハハ！

高橋　でも放送時は、これはマズいということで、急きょ「馬鹿リリック大

　　　　特集」から「**馬鹿にいいリリック大特集**」という体(てい)に変更してお送りしました。非常にスリリングでしたね。

宇多丸　そういやそうだった！

髙橋　我々もリスナーのみなさんに対して、「**英語でツイートするな**」「**ニコ動に上げるな**」などの注意喚起を促して……。

宇多丸　緊張感あったね〜。

髙橋　そうなんです。ところがですね、あれから約3年を経過した現在、欧米メディアの今回の『ブラック・パンティーズ』の扱い方。**完全に我々がやってきたことをなぞってるんです！**

宇多丸　マジか!?

古川　ほうほう。

髙橋　順を追って説明していきますよ。例えばアメリカの老舗音楽雑誌、ローリング・ストーン。天下のローリング・ストーン誌ですよ？

宇多丸　はいはい。

髙橋　そのローリング・ストーン誌のウェブサイトがですね、アルバム発売直前にアップしたR師匠のインタビュー動画。この見出しが、いいですか……？「R. Kelly Sing Ridiculous Sex Songs」。これ、直訳すると、「**R師匠、馬鹿げたセックス・ソングを歌う**」。

宇多丸・古川　アハハハハ！　すげ〜！

宇多丸　「Ridiculous」、つまり「馬鹿げた、おかしい」だからね。

髙橋　その動画を観てみると、完全にインタビュアーがR師匠を面白がっていて、師匠に「**ドルフィン**」とか「**イタリアンサンドイッチ**」とか「**アイスホッケー**」とかのお題を与えて、**即興でセックス・ソングを作らせてるんです**。

宇多丸・古川　ええぇ〜〜〜!?

宇多丸　「**師匠、ドルフィン例えでお願いします！**」みたいなこと？

髙橋　**まさにそう。で、R師匠はイルカの鳴き声とかも交じえながら即興で歌ってるんですよ、本当に。**言ってしまえば、『**らくごのご**』みたいなことをやらせてるんですよ（※注：『ざこば・鶴瓶らくごのご』。1992年から1998年まで朝日放送で放映されていたテレビ番組。三題噺の即興落語が、毎週披露されていた）。

宇多丸　すげえな〜。

髙橋　まあ、この場合は「**セックスのス**」ですかね。

古川　うるさいよ。

高橋　で、R師匠も**この扱いがまんざらでもない**というか、動画を観てもらえれば分かるとおり、明らかに楽しんでるんです。

宇多丸　キャッキャキャッキャやってんだ？

高橋　あと、COMPLEX.comっていう人気カルチャーサイトがあるんですけど、こちらでも『ブラック・パンティーズ』のリリースに合わせて、「**The Most Ridiculous Sex Lyrics From R. Kelly's "Black Panties"**」という記事をアップしてます。

宇多丸　あれ？　これって訳せば、「馬鹿」……。

高橋　(遮って)いま、言いますよ？　これを訳したらこんな感じですよ……「**馬鹿リリック大行進、ブラック・パンティーズ大特集**」ですよ!!

一同　おおぉ～～～！　パチパチパチパチ！（拍手）

古川　なんの拍手だ。

宇多丸　いやいやいやいや、我が意を得たりの拍手よ。

高橋　ほとんどこれ、我々のパクリですよ。あとね、馬鹿リリック特集を通じて、ずっとR師匠の例えが最高と我々は言ってました。そういう評価をしてましたよね？　すると次はSlate magazineというサイトで、ずばり、「**R師匠のセクシャルメタファーカタログ（R. Kelly's Sexual Metaphors: a Catalog）**」という……。

宇多丸・古川　うおおおお～～!!

高橋　……言わば、「**R師匠のエロ比喩辞典**」なる記事を掲載してます。

宇多丸　へぇえぇえぇ～!!　やっぱり向こうでもセクシャルなメタファー、性的な例えが注目されているんだ？

高橋　そう。例えばAの項目には「**アナコンダ**」とか。

宇多丸・古川　アハハハハハ！

高橋　Bには「**ブラックホール**」、Gには「**ゴリラ**」などですね、我々が指摘したところをことごとくフォローしているんですよ。

宇多丸　じゃあ、Uには「**ウラ～ヌス**」？

高橋　**そうです！**

古川　（手元のパソコンを操作しながら）……あ、確かに「**ウラ～ヌス**」ありますね！

一同　「**♪ウラ～ヌス、ア～ヌス**」！

高橋　さっきも言いましたけど、こんな状況をR師匠も明らかに楽しんでいるんですよ。このアルバムでも水を得た魚のように生き生きしてます……**セックスを得たR**になってます。

古川　うるさいな。

高橋　**この男ノリノリである**、みたいな状態になっているんですよ。さらに今年の11月16日、アメリカの国民的コメディ番組『サタデー・ナイト・ライヴ（Saturday Night Live）』に、レディー・ガガ（Lady Gaga）と一緒に出演したとき。ガガ様の新作に収録されている、R.ケリーが参加した『ドゥ・ホワット・ユー・ウォント（Do What U Want）』という曲をパフォーマンスしました。これの動画をちょっと観てもらえますか。

宇多丸　（パソコンを見ながら）あ、ガガが踊ってますよ！　白い服着て。で、後ろから……。

高橋　**R師匠登場！**

古川　真っ白なスーツを着て。

宇多丸　後ろでなんかモゾモゾしてますね……と思ったら、ガガを持ち上げた！　ケツのところをこう、グッと持ち上げて、**持ち上げたまま歌う！**

古川　**肩に担いでるぞ！**

宇多丸　で、ガガがまたケツを向けたり、いろいろして……。

高橋　このあとです、見どころは！

宇多丸　ん？　ガガの後ろに回って、腰に手を回し……？

古川　なでくり回し、ちょっと離れて……。

宇多丸　ガガが下に寝そべって……**あっ！　ガガが寝っ転がって、その上にR.ケリーが乗っかってる！**

高橋　**要は、もう普通にセックスです。**

古川　あららら〜……。

高橋　で、最終的にこれです。

宇多丸　**いわゆる駅弁。**

古川　この人たちは何やってるの？

高橋　アメリカ全土に、ガガ様との駅弁ファックを披露してるんです。

宇多丸　なるほど。最後にとってつけたように「**Put your hands up!（手を上げろ！）**」みたいなことも言ってた。

高橋　**現在、この曲のミュージック・ビデオを製作中だそうです。**

宇多丸　ポルノ化必至だ。

高橋　さらに、『ジミー・キンメル・ライヴ！(Jimmy Kimmel Live)』という、これもアメリカで有名なトーク・ライヴ・ショウがあるんですけど、こちらに出演したときは、R師匠が女性を膝に乗せて抱きかかえて出てきました。今回の『ブラック・パンティーズ』の通常版のCDジャケット（※P.276参照）では、女性をチェロに見立て弓を当ててる絵面があるんですが、**それを生で再現してくれました。**

宇多丸　コントだよこれ、絵面は完全に。

高橋　そうですね。

古川　これで歌を歌ってるんですよね？

高橋　そうですね。

宇多丸　真顔でよくできるな、これ！

古川　すげえなあ。

高橋　というわけでまとめますと、**もう何も臆することはないんですよ、僕たち。**

宇多丸　いままではこっちだけ半笑いでやってるつもりだったけど、向こうでももうRidiculousって言われてるし、インタビュアーも半笑いなら、**本人もコントショウまでやってると！**

高橋　そうです！

宇多丸　ということなら、もうなんら臆することはないと！

高橋　そうです！　堂々と馬鹿リリックを謳っていいし、ある種、**そう扱われることをR師匠も望んでいるだろうと。**

宇多丸　そうだよね。

高橋　もしかしたらですよ？　R師匠が橋本名誉PのTwitterのフォローを打ち切ったのは、**前回の我々の腰の引けた態度に失望したからじゃないかと……。**

古川　アハハハ！

宇多丸　ああ〜！　「何が"馬鹿にいい"だ！」と。

高橋　そう。「お前ら何やってんだよ！」と。

宇多丸　**「見損なったぜ！」と。**

高橋　そういうことだと思いますよ。

宇多丸　なるほどなるほど、そーかそーか。

古川　これは我々の失態ですね。

高橋　そうですよ。だから今回はもう**バーカバーカ!!** って感じでやりましょうよ！

宇多丸　**見下げなくていいから！**　罵らなくていいんだから！　でも、うん、分かった。だいぶ勇気が湧いてきた！　と、現在の世界的R師匠を巡る潮流、みなさんにお分かりいただいたところで、いよいよアルバム『ブラック・パンティーズ』の中身！　**パンティーの中身をのぞいていきましょう！**

古川　ではその『ブラック・パンティーズ』で、1曲ずつ我々が**「なぬ？」** と思った歌詞を抽出して紹介していきます。

宇多丸　基本的には全編**「なぬ？」** だろうけどね。

古川　そのとおりです。まずアルバムの1曲目、タイトルは『レッグス・シェイキン(Legs Shakin')』。フィーチャリングされているのは、人気ラッパーのリュダクリス(Ludacris)です。いま後ろでかかっていますが、非常にスローな曲です。

高橋　この曲に限らず、今回はアルバム全編アッパーな曲が全然ないんですよ。

宇多丸　あ、そうなんだ。

高橋　メロウでまったりしたトーンの曲ばっかりですね。

古川　で、Legs Shake。日本語に訳すと「足ガクガクにさせてやるよ」というような感じでしょうか。

宇多丸　ああ、なるほどね。もうヒザが笑っちゃうぐらいヤッチャうよ、と。

古川　**1曲目からトップギア**というのがよく分かる曲ですね。ではさっそくこのサビのフレーズを紹介していきたいと思います……どうぞ。

下へ、下へと向かうのさ
そしてキミの両足が震えるまで
舐めてやる
キミの両足が震えるまで
舐めてやる
キミの足が
さあ、下へ、下へ向かうよ
そしてキミの両足が震えるまで
ナメてやる
キミの両足が震えるまで
舐めてやる
キミの足が　ooohhh

R.ケリー『レッグス・シェイキン』より

一同 アハハハハ！

宇多丸 来ましたね〜。はいはい。Shakeは、あの〜いわゆるクンニリングス的、オーラル的な行為でっていうかね。

高橋 で、足をガクガクさせたということです。

古川 ではこの曲から、もう1つ紹介したいと思います。震わせたいと言うR師匠が、実際にどう震わせたいのかというところもお聴きください。

それから、彼女をピクピクさせるのさ
ピクピク、震わす、ピクピク、震わす
ピクピク震わすのさ、ガール

R.ケリー『レッグス・シェイキン』より

宇多丸　**ガール、きたね！**

高橋　ガールが入らないと、この特集始まった感じしないよね。

宇多丸　ちゃんとガールを見逃さずに入れてくるあたり、翻訳もだいぶ堂に入ったものがあるね。ちなみに「ピクピク」は何？　英語だとなんなのこれ？

古川　「Shake, shake, shake」。

高橋　やっぱこれ、翻訳してるKana Muramatsuさんのさじ加減なんじゃぁ……。

宇多丸　意訳ですよ！

古川　超訳ですね。

高橋　シドニィ・シェルダン方式！（※注：シドニィ・シェルダンの著作『ゲームの達人』などで採用された、読みやすさや分かりやすさを優先させた翻訳手法）

宇多丸　じゃあどんどんいきましょう。まだ1曲目ですからね。

古川　では2曲目、『クッキー（Cookie）』という曲があります。

高橋　リークされた情報によると、この曲は当初、仮タイトルでは**「オレオ」**と呼ばれていたんですよ。

古川　クッキーの商品名ですよね。白いクリームを黒いチョコレートクッキーでサンドしてあるというアレです。

宇多丸　曲名で「オレオ」って一体どういう意味なんだろうね？ってみんなで話してたんだよね。俺はこれ、どう考えても「黒・白・黒」で、性別は分からないけど、**黒人2人・白人1人の3Pであろう**と推理してたんだけど……。

高橋　それ、鋭い！

宇多丸　違うの？　どうなの？

古川　それでは、ちょっと聴いてみましょうかね。まずオレオの謎が解明される前に、出だしがどんな感じか。非常に快調に始まります。

家に到着イイ気分だぜ
オレとファックしに来ないか？
これからプッシーをハメるんだ
ピース！

R.ケリー『クッキー』より

一同　アハハハハハハ！

古川　いいですね〜。

宇多丸　「ピース」って本当に言ってんの？　これ。ヒップホップやR&Bではよく言うけどさ。

古川　これが意訳だったら相当すごいですよね。

髙橋　（ブックレットを見て）え〜とですね、**意訳です。**ピースという語句は元の英語詩には書いてませんね。

宇多丸　ちょっと待ってください……**Muramatsuさん、ちょっと踏み込みすぎじゃないですか？**

髙橋　きっとこれは曲全体の**イエーイ感**を表現されようと思ったんじゃないですか？

宇多丸　イエーイ感、なるほど〜。

古川　そして、いよいよ核心に入ります。原題「オレオ」と呼ばれていたこの曲。その衝撃の真実がついに明らかに！

Mmmmmm
オレオクッキーみたいに
真ん中を舐めるのが好きなのさ
オレオクッキーみたいに
オレオ、オレオ
オレオクッキーみたいに
一口噛んで、間に舌を突っ込みたい
キミが完全にイっちまうまで

R.ケリー『クッキー』より

古川　ハイ、残念でした〜。
高橋　ハイ、3Pじゃない〜。
古川　3Pじゃない〜。
高橋　**でも宇多丸さんのほうが、メタファーとしては優れてると思いますよ。**
一同　アハハハハハハ!!
宇多丸　いや、分かるよ？　分かるけどさ……**何それ!?**
高橋　**お菓子メーカーにぶん殴られるよ。**
古川　実際これ、はっきりと「オレオ」って歌っちゃってますから、本当に。Muramatsu解釈ではないです。
宇多丸　じゃあ少なくとも、そういう食べ方を黙認しているということだ。
古川　いや、これはまぁ、R師匠の**「例え」**ですから。
宇多丸　出た、「例え」！　まあそうだね。オレオはだからあの形が……**クッキーを縦にしてじっくりと眺めてみると……。**
高橋　最悪！
宇多丸　でもさあ、クッキーとクッキーの間に挟まっている白いクリーム状のものがアレだとしたら……嫌じゃねえ？
古川　甘いよってことでしょうか。
高橋　あんまりここ、追究したくないな。
宇多丸　**だって、コイツが本当に歌ってるんだもん！**
古川　ついにコイツ呼ばわり！
宇多丸　でもさ、この曲、っていうかこのアルバム。注目すべきはここまで、**まだペッティングしかしてない**ってことだよね。
高橋　**鋭い！**
古川　よくそこに気づきましたね。
宇多丸　まさかこのアルバム、そういうふうにコンセプチュアルに進んでいるとか……？
古川　**先に言っとくけど、そういうことじゃないです。**
高橋　アハハハ！　そんなのあるわけないじゃない！
宇多丸　だよね。

★

古川 さて、この企画では恒例ですが、全曲解説と言いながら一気に飛んで、**次は5曲目になります。**この曲、今回のアルバムのハイライトとも言っていいでしょう。『マリー・ザ・プッシー（Marry The Pussy）』。

高橋 これはすごいですよ。

宇多丸 さっき、ちょこっとかかってましたけど、「プッシー、プッシー、プッシー」って、もう別に聴かなくてもだいたい分かるよ！

古川 ちゃんとした英語教育を受けた方なら、お察しとは思います。

宇多丸 **ちゃんとした英語教育では、むしろ教えないよ！**

古川 この曲は恐るべきポテンシャルを秘めた曲で、正直、これだけで40〜50分はいけるのではないかというぐらい。

宇多丸 え？ だって、曲が4分とかでしょう？

古川 ええ。

宇多丸 **それなのに40〜50分いけちゃう!?**

高橋 これで1時間いけるよ。

宇多丸 ではみなさん、気を確かに持って聴いていただきましょう。あくまで音楽研究企画です！

古川 では、恐るべき出だしの1行をお聴きください。どうぞ！

疲れ目には
プッシーを見るのが一番さ

R.ケリー『マリー・ザ・プッシー』より

一同	アハハハハハハ！
宇多丸	眼福なんて言葉もありますけど……。
高橋	このライン、普通は出ないですよね。
宇多丸	俺は正直「やられた！」って感じ。プッシーが好きとか見たいとか、そういう気持ちをこうやって表すのかと。**じっと見ることでさらに目は疲れるんじゃないか**という疑問もあるにせよ……。
高橋	細かい！
古川	この曲は随所にプッシーという言葉が頻出するわけですが、これからその中でも**最も目も当てられないライン**をみなさんに紹介しましょう。

オレが呼べば　プッシーは飛んでくる
毎日プッシーを呼ぶのさ
あぁ、プッシー大好き
プッシーもオレが大好きなんだ
オレのためにストリップもしてくれる
もしオレの気分が
プッシー2つだったら
そのプッシーは
もう1つプッシーを連れてきてくれる
これはセックス・プロポーズ

R.ケリー『マリー・ザ・プッシー』より

宇多丸　1、2、3、4、5、6、7……**7回プッシーが出てくる。**
古川　もしかすると、本当に子猫ちゃんって意味で使ってるのかもしれない。
宇多丸　ダブルミーニングで使ったりするからね。俺も自分の歌詞でもやったことあるし。ただね、俺思うけど、もうこれは……**人ではない。**
古川　人ではない？
宇多丸　**局部のところのみだよね。**思い浮かべるのは、**その局部が飛んできたりとか、局部がストリップをしてくれたりとか、局部が2つだったりとか……。**
古川　シュールレアリズムだ！
宇多丸　それで曲名が『マリー・ザ・プッシー』だからねぇ。何言ってんだテメエ！ってことなんだけど。それで「セックス・プロポーズ」とか言ってて、**前の行と合ってねえんだよ！**
高橋　怒り始めた。
古川　じゃあとっとと次にいきましょう。こう見えて、内心寂しい師匠の気持ちみたいなものが感じ取れる1行です。

これまでもずっとプッシーは
オレに優しくしてくれた

R.ケリー『マリー・ザ・プッシー』より

宇多丸 やっぱりそういうことあるよね〜。

古川 あと師匠の特徴として、**同じ曲の中で1つの例えを貫徹しない**というのがあります。次のラインをご覧ください。

彼女の滑走路を
オレの舌が滑り降りる
オートパイロットじゃないぜ

R.ケリー『マリー・ザ・プッシー』より

宇多丸　**急に飛行機例えね。**
高橋　いまさら滑走路って言われてもねえ。
古川　「オートパイロットじゃないぜ」っていうフレーズが言いたくなっちゃったんでしょうね。
宇多丸　つまり自動操縦じゃなくて、マニュアルで**ウイ―――ン……**。
古川　『**風立ちぬ**』(※注：2013年公開の宮崎駿監督長編アニメーション映画)ってことですね。
高橋　よしなさいよ！
宇多丸　『風立ちぬ』。そして、**俺勃ちぬ。**
古川　**アレ勃ちぬ。**
一同　アッハッハッハッハッ！
古川　では次。

そのプッシーに顔パス

R.ケリー『マリー・ザ・プッシー』より

宇多丸　え？

古川　「Get in that pussy」だそうです。

宇多丸　……だからこれも、かなりの意訳ですよ。

高橋　でもR師匠だったらやっぱり**「顔パス」**って雰囲気が出てる感じしますけどね。

宇多丸　**「オッケ〜で〜す♪」**みたいな？

高橋　（手で暖簾をくぐる仕草で）**「今日やってる〜？」**みたいな。

古川　この曲は他にも**「プッシーがオレに語りかけ　プッシーがオレに歌ってくれる」**とか、本当に味わい深いラインが頻出します。

高橋　**プッシーとの温かい交流。**

古川　ぜひ歌詞はフルサイズで確認していただきたいと思います。

★

古川　では、飛んで7曲目。『ジーニアス（Genius）』という曲名ですが。

高橋　これももともと**「セックス・ジーニアス」**というタイトルがリークされていましたけど、結局ただの『ジーニアス』になりました。

宇多丸　もう、セックスって言わないでも分かるだろ？　と。

高橋　さじ加減がよく分かんないんです。

古川　この曲では、若干ジェントルな側面を出そうとしてるところが窺えなくもないラインがあります。これ、どうですかね？

ちょっと眠れよ
2人目覚めたら
またヤッてやるから
約束する

R.ケリー『ジーニアス』より

宇多丸 何かいいこと言ってるような気がするね。なんならちょっと愛すら感じる。

高橋 「ヤッてやる」とか言ってるけどね。どうしても**片手間感**は出てしまう。

宇多丸 これ、相手にすげー求められてる状態じゃないの？　むしろ師匠が疲れちゃってんだよ。

古川 ああ、なるほど。

宇多丸 **だって46歳だよ？**

古川 急にリアルな話に……。しかしやはりこの直後には、ジーニアスのジーニアスたる所以(ゆえん)が窺えるサビがきます。

オレには不思議な力があるのさ
キミのボディを悦ばす
ガール、
今夜はセックスの天才と寝てるんだぜ
普通なんてありえないさ
オレは愛の奇跡
今夜、
キミはセックスの天才と寝てるんだぜ

R.ケリー『ジーニアス』より

高橋 **これが『セックス・ジーニアス』だ！**

宇多丸 いや、知ってたし。

高橋 以前、トレイ・ソングスの『アイ・インヴェンテッド・セックス』という曲を紹介しましたよね（※P.053参照）。「俺がセックスを発明した」という。それに対抗したような感じがしますね。

宇多丸 でも、天才のほうがちょっと弱いような気がするんだけど……いいのかな？

古川 余裕の表れですかね？ 師匠はまた同じ曲で、自分を天才天才と言っておきながら、片やこうも言ってます。

Woah
オレこそ巨匠だと言って、ベイビー

R.ケリー『ジーニアス』より

古川 どっちだって話です。

★

古川 じゃあ、次の曲もいってみましょうかね。アルバムの8曲目、『オール・ザ・ウェイ（All The Way）』。フィーチャリングはR&Bシンガーのケリー・ローランド（Kelly Rowland）さんです。

高橋 かつて一世を風靡した元デスティニーズ・チャイルド（Destiny's Child）のメンバーですね。そんなすごい女性を呼びつけておきながら、これもちょっと耳を疑うようなラインが出てきます。

古川 非常にいい曲で、すごくしんみりとした始まり方をするんですけど、途中からなんか取り乱したような**「なぬ？」**という変調が始まります。一体どうしたんでしょうか。

一瞬だけでも　一分だけでも
一時間だけでも
一晩だけでも　一晩だけ
再び、ホーーーームラン
イク、イク、イク、吹っ飛んでイク
イク、イク、イク、吹っ飛んでイク
イク、イク、イク、吹っ飛んでイク

R.ケリー『オール・ザ・ウェイ』より

高橋 **ホームラン!!**
宇多丸 何言ってんだかよく分かんねぇよ!
古川 ちょっと聴いてみましょう。

♪ 『オール・ザ・ウェイ』流れる

古川 お分かりになりましたでしょうか。
宇多丸 ちょっと待って……**「ホーーーームラン」ってどこだよ!?**
古川 そう、我々が期待した感じのホームランが、**どこにも入ってないんですよ。**
宇多丸 そんなことってある!? 元はどうなってんの? これ。
古川 要は、ボールが公園の外に飛び出るという内容で。
宇多丸 ああ、場外ホームラン的なことは一応言ってるんだ。にしても、かなり大胆な意訳なんだね、これ。
古川 これぞMuramatsu節といったところでしょうかね。

古川 アルバム11曲目、『スペンド・ザット(Spend That)』。フィーチャリングはジージー(Jeezy)というラッパーです。こちらは師匠らしいウイットに富んだラインになっています。

ビッチ3人　オレ1人
3人共、オレのディックに乗ってるぜ
3Dってとこだな

R.ケリー『スペンド・ザット』より

宇多丸　アハハハハハ！**「3Dってとこだな」**っていうのがいいね〜。

高橋　飛び出すよ！ってことなのかな？

宇多丸　これも俺的にはやられた感あるな〜。普通に面白いもん。

古川　**「ビッチ3人　オレ1人」**っていう語呂のよさも素晴らしいですね。『頑固じいさん孫3人』みたいで（※注：80年代に放送された、アメリカのファミリー向けテレビドラマ）。

宇多丸　やってることは4Pだからね。でもそれを3Dって言うところがいいよな〜。ただ、**3人は絶対乗れない！**

高橋　巨根をセルフ・ブーストしたんでしょうね。

古川　絵面としては、**宿り木に小鳥が3羽とまってる**ような感じでしょうか。

宇多丸　わあお！

★

古川　そしていよいよ最後の曲となります。ここで、まるでアルバム全体を総括するような、R師匠が言いたかったのは結局こういうことではないか？　そんな歌詞を抜き出してみましたので、そちらを最後にお聴きください。17曲目『エヴリー・ポジション（Every Position）』という曲からです。どうぞ。

ヤリたいんだ、ヤリたい、
ヤリたい、ヤリたい
あらゆるポジションで
ヤリたいんだ、ヤリたい、
ヤリたい、ヤリたい
あらゆるポジションで
あぁ、一番好きな体位なんて選べない
あらゆる体位が好きだから

R.ケリー『エヴリー・ポジション』より

宇多丸　「あらゆる体位が好きだからーーー!!!」って、「あなたのことが好きだからーー!!」みたいな感じで言ってほしいね。

古川　お、誠意見せてんなって感じになりますよね。

宇多丸　こんなことを声高に歌った男が、いまだかつているだろうか？

♪　『エヴリー・ポジション』流れる

古川　さすが師匠、キャッチーさもバッチリです。

高橋　**初めて聴いて、すぐ歌える。**

宇多丸　いやまったく。

古川　ということで、駆け足で紹介してきましたけれども、正直、紹介したかったラインはこの倍以上あるし、なんならCDを買っていただいて、**無作為にブックレットを開いて、ぱっと指差したら、このクラスのものがゴロゴロしてます。**

高橋　5時間できるぐらいですからね。

宇多丸　これに匹敵するアルバムでいうと、日本だとやっぱり「**キエるマキュウ**」**の曲**ぐらいしか思いつかないなぁ（※注：ラッパーのCQと、DJ／ラッパーのマキ・ザ・マジックからなるラップグループ）。「**MISIAのブロウジョブ　つつみ込むように**」とか（※注：キエるマキュウ『Explorer』より）。

古川　あれはあれで、いつまでも語り継いでいきたいラインですね。

宇多丸　あと、高橋君さ、あなたよく考えたら『星影JUKEBOX』（※注：当時、高橋芳朗がTBSラジオで放送していた音楽番組。アシスタントはバニラビーンズのリサ）でこれやればいいじゃん。

高橋　**それは無理だよ。**

宇多丸　「ヤリたい、ヤリたい、ヤリたい」「俺のディックに乗ってるぜ」。

高橋　できるわけないじゃない！

宇多丸　「イク、イク、イク、吹っ飛んでイク」。

高橋　**ここ用だよ、タマフル専用！**

古川　棲み分けって言葉がありますからね。

宇多丸　じゃあ『ザ・トップ5』でやろうよ！（※注：高橋芳朗がTBSアナウンサー

と共にパーソナリティを務めるランキング番組。当時のパートナーはTBSアナウンサーの江藤愛)

高橋 え?

宇多丸 江藤さんにはさ、この特集のことちゃんと言ってるの?

高橋 え?

宇多丸 「セックスの天才と寝てる」だの「ビッチ3人 オレ1人」だの。

高橋 なんか**「いやらしい曲を紹介するらしいよ」**とだけ。で、僕も「**やだねぇ〜**」って。

古川 クソ野郎め。

宇多丸 いやらしいって表現、小学校の女子との会話にしか出てこねぇよ! 江藤さんにちゃんと言いなよ。**「疲れ目にはプッシーを見るのが一番だ」**って。

宇多丸・古川 アハハハハ!

宇多丸 あ! こうしようよ! ヨシ君、『ザ・トップ5』のときにさ、**スタジオにオレオ置いといて、オレオ!**

高橋 **最悪だよ!**

宇多丸 で、ヨシ君これね、男なら……ブラックミュージックR&Bライターなら……そのオレオを縦にして、真ん中から、**なめ上げる! なめ上げる! なめ上げるぅ━!!**

古川 **「高橋さん、そのオレオの食べ方はなんですか?」**

一同 アッハッハッハッハッハッ!!

高橋 いろいろ終わるよ。いろいろ終了する。

宇多丸 あ、そうか。いや、まだまだお願いしたいことがいっぱいあるんで、今後ともよろしくお願いします。というわけで、高橋芳朗さん、古川耕さん、ありがとうございました!

高橋・古川 ありがとうございましたー!

高橋芳朗コラム #5

究極の馬鹿リリック!?
R. ケリーのパロディ・ソング その2
ブライアン・マックナイト編

デイヴ・シャペルの『(I Wanna) Piss On You』がR.ケリーをピンポイントで標的にしたパロディ・ソングだったのに対し、ブライアン・マックナイト(Brian McKnight)が2012年にリリースした『If Ur Ready 2 Learn (How Your Pussy Works)』は、R.ケリーを筆頭とする昨今のR&Bシンガーの行きすぎたセックス・リリックを揶揄した曲になる。

マックナイトは1992年にデビュー後、これまでに16度もグラミー賞にノミネートされたことがあるベテランR&Bシンガーだが、ここで注目してもらいたいのは、彼が美しいラヴバラードを武器とするロマンティックなR&Bの権化のような存在であるということだ。そんなバックグラウンドを踏まえると、『If Ur Ready 2 Learn (How Your Pussy Works)』は非常に批評性の高いパロディ・ソングとして聴くこともできるのだが、残念ながら世間は彼の意図を汲み取ってくれなかった。この曲の「君が学ぶ気さえあればプッシーの効果的な使い方を教えてあげる」という歌詞は、パロディとはいえクリーンなイメージの彼が唐突に発表する楽曲としてはあまりにもお下劣すぎたのだ。

『If Ur Ready 2 Learn (How Your Pussy Works)』はYouTubeで公開されるやいなや瞬く間に大きな話題を集め、マックナイトの名がTwitterのトレンド・ワードに上がるほどの反響を巻き起こしたが、彼のもとには批判が殺到。「ちょっとしたパロディのつもりだったんだ」と弁明したマックナイトは、「分かったよ、もう二度とこんなことはしない。これからはユーモアの欠片もない穏当な曲だけをリリースすることにするさ」と述べ、曲の動画をあっさりとYouTubeから削除してしまった。それでも、「たった1曲パロディ・ソングを出しただけなのに、俺が25年にわたって作り続けてきた音楽が台なしになると思われるなんて悲しすぎる」と不満を表明していたマックナイトは、やはり腑に落ちないものがあったのだろう。騒動の約1カ月後、彼はアメリカのコメディ動画サイト「Funny or Die」の助力を得て『If Ur Ready 2 Learn (How Your Pussy Works)』のミュージック・ビデオを製作。これが全編珍場面で構成されたとんでもない代物で、なかでも映画『ミクロの決死圏』よろしくミクロ化したマックナイトがバイブレーターに乗り込んで……というくだりの馬鹿馬鹿しさは一見の価値がある。

余談だが、この曲にインスパイアされたのか、翌2013年には中堅のジャヒーム (Jaheim) が『Pussy Appreciation Day』(題して「プッシー感謝の日」) なる曲をリリース。メジャーのアトランティックからの発売だったものの、残念ながら邦盤化は実現しなかった。

ブライアン・マックナイト
『If Ur Ready 2 Learn (How Your Pussy Works)』より

大学院では社会学を学んだ
だから俺がこれから話そうとしてることは
奇妙だと思うかも
キミが知らない生理学について
話してあげるから
恥ずかしがることなんてないんだよ

キミのプッシーの効果的な使い方を教えてあげる
俺のところに最初に来なかったから知らないだろ？
教えてあげられることがたくさんあるんだ
キミに学ぶ気があれば、だけど
キミのプッシーの効果的な使い方を教えてあげる
潮吹きもするって知らなかったろ？
教えてあげられることがたくさんあるんだ
キミが学ぶ気があれば、だけど

奴に言ってやれよ
絶対にヤラないと
奴がキミを悦ばすためにヤル気がないなら
自分だけで勝手にイッちまうなら
そんな男はキミには必要ない
俺がキミの新しい親友になってあげるよ
キミが独りぼっちでいるときに
俺ってシャワーの中でも最高なんだぜ
電池で動くんだ
キミ独りでも動かせるんだから

(一部抜粋して引用)

西寺郷太×Kダブシャイン×高橋芳朗 スペシャル座談会
ブラック・ミュージックにおける下ネタの重要性

西寺郷太
ミュージシャン／音楽プロデューサー。バンド「NONA REEVES」のヴォーカリスト。SMAP、V6などへの楽曲提供の他に、80年代音楽の研究家としても各メディアで活躍中。著書に『噂のメロディ・メーカー』(扶桑社)、『プリンス論』(新潮新書)などがある。

Kダブシャイン
ヒップホップMC。伝説のヒップホップ・ユニット「キングギドラ」のリーダー。95年にアルバム『空からの力』でデビューし、国内のヒップホップ・シーンに多大なる影響を与える。再始動した「KGDR（キングギドラ）」と共に、現在もソロ活動を展開中。

★エロい歌詞との
   ファーストコンタクト

高橋芳朗（以下、高橋） 今日はブラック・ミュージック全般における下ネタの重要度みたいなことをお話ししたいなと思っているのですが、まずはその取っかかりとして、エロい歌詞とのファーストコンタクトについてから。西寺家では80年代の当時、プリンス（Prince）禁止令というものがあったそうで。

西寺郷太（以下、西寺） そうなんです。僕が小学生で、ちょうど『パープル・レイン（Purple Rain）』のリリースのころでした。うちの親父はお寺の息子、かつ学校の英語の先生なので……。

高橋 プリンスを聴いていたら、「こんなエロいこと歌っているド変態なレコードは買ってはいけない」と。

西寺 はい。当時、レコードは親に買ってもらうというプロセスがあったんです。だからマイケル・ジャクソン（Michael Jackson）とかシンディー・ローパー（Cyndi Lauper）はいいけど、プリンスはダメという。

Kダブシャイン（以下、K） でもシンディー・ローパーの『シー・バッ

プ(She Bop)』はエロいじゃん。「みんな1人エッチしましょう」っていう、あれは電マの歌だよ。

西寺 アハハ、それは気づいてなかったかも。小学校のとき、その電マの歌で体操しましたけど。

K 学校で? それアメリカ人が見たら、ドン引きするよ!

西寺 そんなわけで、プリンスがすごく好きだったんですけど、なかなか買ってもらえなかったので、お年玉でこっそりというようなことをしてました。

K でも『パープル・レイン』って、そんなにエロかったっけ? 『ダーリン・ニッキー(Darling Nikki)』とかかな?

西寺 『ダーリン・ニッキー』もエロいけど、『パープル・レイン』のビデオも風呂からお尻を露わに出てきたり、『ビートに抱かれて(When Doves Cry)』も上半身裸で胸毛出してますから。それと『ダーティ・マインド(Dirty Mind)』だって、パンツ一丁の裸のポスターが入ってたりとか。僕がKダブさんより5歳年下だったというのも大きいかも。

K オレは『1999』が出会いで、最初はホモっぽいなって思ってたの。

高橋 僕もそうです。

K なんか変態な感じが、子ども心にも分かって。でもそれがグッときたっていうのは確かにあった。

西寺 多分1つの炎上商法ですよね。Kダブさんもよくやる(笑)。プリンスはそれが上手だったと思うんですよ。とんでもなくエロいことを歌うことでしか、一種の悪さや不良さというものをアピールできなかったというか。

K オレは童貞が願望として書いてた曲が、だんだん実現していった人なのかなと思ってたけど。

西寺 プリンスは身長が157センチと超背が低いので、10代のころは特に異性に対してコンプレックスが強かったんじゃないですかね。両親もケンカが絶えず、離婚後母親も再婚してしまい家庭でも居場所をなくしたり。だからプリンスは音楽で状況を変えることに賭けた。そういった気持ちがテーマとしてエロに向かったというのが僕の推測です。

★その後のセクシャルな音楽との出会い

高橋 洋楽を聴いていて、そういうエロティシズムに触れたのはプリンスが最初ですか?

西寺 プリンス以外だと、おっぱいがバーンという分かりやすいヴィジュアルのマドンナ(Madonna)もそうですね。小学生でも『ライク・ア・ヴァージン(Like A Virgin)』のヴァージンぐらいは分かるので、なんかエロいぞ、みたいな。それと中

学1年になったときは、ジョージ・マイケル（George Michael）の『アイ・ウォント・ユア・セックス（I Want Your Sex）』という曲が。ついにここまできたか！　もう親には頼めない、と（笑）。

高橋　Kダブさんは、そのようなセクシャルな音楽との出会いはどうでしたか？

K　ソウルとかR&Bとかを聴き始めた時点で、直接的じゃないけどエロ描写みたいなものがかなりあったと思うんだよね。それこそ、髪の間に指を走らせるみたいなものでもセックスを連想させるというか。でもオレが馴染のあるPファンクやスライ＆ザ・ファミリー・ストーン（Sly & The Family Stone）とかは別に、そんなにセックスのことを歌ってないんだよね。アース・ウインド＆ファイアー（Earth, Wind & Fire）はスピリチュアルなものだし。

西寺　やはりマーヴィン・ゲイ（Marvin Gaye）じゃないですか？

K　いや、マーヴィン・ゲイの『レッツ・ゲット・イット・オン（Let's Get It On）』とかも、甘いことをずっと歌ってんだけど、別に股間が我慢できないとか、そういう直接的なことは絶対言わないし。

西寺　そうか。でも2人目の奥さんに、フェラチオさせながら録音してたという説もありますよね。

高橋　説ですけどね。でも『レッツ・ゲット・イット・オン』とか『アイ・ウォント・ユー（I Want You）』とか、あのあたりは性行為を直接的に連想させる感じがしますよ。

K　でもやっぱりプリンスでいちばんの極めつきは『ヘッド（Head）』かなと思ってて。あれは唐突なぐらい、いきなり変態な感じだった。

高橋　『1999』とか『パープル・レイン』でプリンスを知って、過去作にさかのぼるじゃないですか。そうすると、やっぱ『ダーティ・マインド』で引っかかる。『ヘッド』とか『シスター（Sister）』は近親相姦の歌ですもんね。なんてことを歌ってるんだって、びっくりしましたよ。

西寺　だから最初の『ソフト・アンド・ウェット（Soft and Wet）』のころは、まだ可愛かったって思える。

K　プリンスに触発されたアーティストっていうのは、どれぐらいいるんだろう？　オレが85年ぐらいにトップ40からR&Bやブラック・コンテンポラリーのほうに意識的に関心を向けていったとき、すごい売れてたのがフレディ・ジャクソン（Freddie Jackson）の『ロック・ミー・トゥナイト（Rock Me Tonight）』なんだよね。あれは久々に元カノと会って、今夜オレをロックしてくれよっていう歌で、そんな曲が他にもいっぱいあるんだよ。「オール・ナイト・ロ

ング」とか「トゥ・ザ・モーニング」みたいな歌詞が入ってくると、もう絶対セックスの歌じゃんというのはあった。でもR&Bみたいな直接的な描写になるのは、プリンス以外はR.ケリーまでいかないとあんまり思いつかないな。

高橋 露悪的なまでに描写し始めるのは、やっぱりR.ケリーまで待たないといけないのかな？

★ヒップホップが変えたこと

K ただヒップホップが出てきて、いろいろな価値観というか、コードを変えていった部分はあると思うんだけど。で、そこでオレの出番！

高橋 ヒップホップの影響による歌詞の変化は、絶対にあるでしょうね。

K R&Bの人は、要するに精神的にはR&Bを歌っているけど、ライフスタイルはヒップホップだから、かなり近いものがあると思うんだよね。

西寺 それと、それまでのポップスって、もともとは作詞家と作曲家がいて、アレンジャーがいて、歌手がいるところから始まって、いろいろあってビートルズ (The Beatles) 以降、自分で曲を作るみたいなことになるんだけど、でもヒップホップが出るまでは歌と歌う人というものが、そこまで密接にくっついてなかったと思うんですよ。

高橋 なるほど。

西寺 ヒップホップって「オレは」みたいに、自分の名前やグループ名を言ったりするじゃないですか。僕はヒップホップとポップスのどこが大きく違うのかといったら、そこじゃないかなと思ったことがあって。自分というものが曲を凌駕する売り物だからこそ、カッコよくて新しいんだなと。例えば「オレはモテてる」とか、「金がある」とか「女はみんなオレに夢中だ」とかって言うときに、いままでの歌は取り換えが可能だったけど、ヒップホップだと他人が「カバー」できない。

K ミーイズムっていうか、「オレ」だよね。

西寺 そう。すごくそこは大きいですよね。「誰」というのが、とても重要。

高橋 いままでにも歌詞に直接的なセクシャルな表現はあったと思うんだけど、ヒップホップが出てきてから性豪自慢みたいな要素が入ってきたというか。つまりはボースティングで「オレはこんなにモノがでかい」とか「こんなにお前を気持ち良くさせてやる」とか。そういうことがヒップホップ以降のR&Bの歌詞に入ってきた気はしますね。あと、とにかく面白いことを言おうっていう。

K まあね。ウケることを言いたいという。そんな中、思いきりエロに踏み出したのが2ライブ・クルー (2 Live Crew) かなとオレは思うんだ

よね。

高橋 露悪的ですけどね(笑)。

K その前にN.W.Aがいて、ファックとかビッチとかがなんとなくオッケーみたいな感じになって、その直後だと思うんだよ。ほとんど同じぐらいのタイミングで『ウィ・ウォント・サム・プッシー(We Want Some Pussy)』という曲が出て。オレは、そのとき高校生でアメリカにいたんだけど、アメリカのハイスクールではみんな歌ってたもん。それだけで大ウケでさ。それで、オレもラップがいつからエロくなったかとさかのぼってみたの。オレの調べだと、最初はケヴィ・ケヴ(Kevie Kev)。

高橋 1983年の『オール・ナイト・ロング(All Night Long (Waterbed))』ですね。実質的にはメリー・ジェーン・ガールズ(Mary Jane Girls)のカヴァーですけど。

K これも、ボコチン自慢っていうか、「オレはお前を満足させるぜ」「ウォーターベッド持ってんだぜ」みたいなさ。

★ブラック・ミュージックのエロさ

高橋 プリンスには、そういうボースティング的なところはなかったんですか?

西寺 あるといえばあるけど、でも僕が好きな『ホウェン2Rイン・ラブ(When 2 R In Love)』っていう曲は、ぎりぎりまでエロいかなと思ったら、一緒にお風呂に入ろうっていう展開で。可愛いじゃないですか。要はセックスしたいってことなんだけど、表現としてわりとロマンティックでユーモラスなものも多いですね。

K あとバリー・ホワイト(Barry White)の『アイム・ゴナ・ラブ・ユー・ジャスト・ア・リトル・モア・ベイブ(I'm Gonna Love You Just A Little More Baby)』。これも、ちょっと下ネタなんだよね。

高橋 向こうの黒人系の映画観てると、ベッドシーンでかかるのはバリー・ホワイトかマーヴィン・ゲイ、アイズレー・ブラザーズ(The Isley Brothers)、アイザック・ヘイズ(Isaac Hayes)のどれかですよね。

西寺 確かにバリー・ホワイトは声がものすごくエロい。

K でもアイズレーは、そこまでエロくないよ。『ビトゥイーン・ザ・シーツ(Between The Sheets)』も、あまり具体的なことは言ってない。シーツの中で、いちゃいちゃしようぐらいなもんで。

高橋 アル・グリーン(Al Green)はロマンティックな感じだしな。

K テディ・ペンダーグラス(Teddy Pendergrass)も結構言ってるかも。

『クローズ・ザ・ドア(Close The Door)』とか『ターン・オフ・ザ・ライツ(Turn Off The Lights)』も、もう始めるよっていう歌だし。

高橋 ライヴでも結構、そうですよね。セクシャルなあおり方をするし、お客さんの下着投げもあるみたいで。

K あとジョージ・ベンソン(George Benson)の『ギヴ・ミー・ザ・ナイト(Give Me the Night)』とかも、要するに「お前を一晩いただくよ」みたいな歌だし、ギャップ・バンド(The Gap Band)の『ヤーニング・フォー・ユア・ラヴ(Yearning For Your Love)』とかもホーニーな歌で、結構70年代の大御所さんたちもそういう曲を歌ってるよ。あとリック・ジェームス(Rick James)もちょっと変態だし。

西寺 プリンスは相当、リック・ジェームスの真似をしたでしょうね。メリー・ジェーン・ガールズに着想を得て、アポロニア6(Apollonia 6)とかヴァニティ6(Vanity 6)みたいな若いナイスバディな女性を集めてプロデュースする、みたいなことを思いついたというか。

K リック・ジェームスの『スーパー・フリーク(Super Freak)』なんて変態女の歌だよ。「オレの上乗っかっちゃって、大暴れしてこの女大変だ」みたいなさ。

高橋 確かに、そういうことを歌って許される人とそうじゃない人はあると思います。

K あとSOSバンド(The S.O.S. Band)の『テイク・ユア・タイム(Take Your Time (Do It Right))』は、「夜は長いから、焦らないで、朝までゆっくりやりましょうよ」って歌なんだけど、でもこれ、女のほうから言ってんだよ。結構スケベなんだよね。あとポインター・シスターズ(Pointer Sisters)の『スロー・ハンド(Slow Hand)』。これもエロい。「ゆっくり愛撫して」っていう。そういえばマイケル・ジャクソンの『ビリー・ジーン(Billie Jean)』も、どっかで子ども作っちゃったという歌でしょう。

西寺 オレの子じゃないっていうね。

K でも、やった覚えはあるわけでしょ?

西寺 一緒にダンスを踊っただけだ、という曲です。

K いや、オレ、それ気づいたの。黒人にとってのダンスっていうのは、セックスのメタファーで成り立ってるんだと。要はダンスの歌でも、実はダブルミーニングでセックスのことを言っている。そう勘繰れるような歌は死ぬほどあると思ったんだよ。これはエルヴィス・プレスリー(Elvis Presley)なんかのフィフティーズのロックのころからあるような気もするんだよね。

★金字塔は『セクシャル・ヒーリング』

高橋 でも僕はやはり、マーヴィン・ゲイの『セクシャル・ヒーリング(Sexual Healing)』が1つのターニングポイントというか、エポックメイキングな作品になっていると思うんですよ。『シェフ！〜三ツ星レストランの舞台裏へようこそ〜』っていう最近の映画で、車の中でお父さんが『セクシャル・ヒーリング』を歌うと、息子がなんて歌を歌っているんだとあっけにとられるシーンがあるんですよ。あの曲は、ロマンティックな曲の代名詞みたいにはなってるけれども。

西寺 性的な癒やしっていうね。

高橋 サウンドの革新性もよく語られますけど、あの曲は歌詞的にも大きな意味を持ってる気がするんです。

西寺 それと、歌うテーマが少なくなってきたというのもあるんじゃないですか？ だから夏の歌だ、海の歌だというような中で、いちばん飽きないというか、このネタだったらしばらく続けられるという意味でのエロ。僕もKダブさんも作詞家でもあるから、ずっと同じモチベーションを維持して歌詞を書き続けることってなかなか難しいんだけど、やっぱり恋愛だったり、エロだということであれば、わりと飽きずに手を替え品を替え歌を作りやすいという面はありますよ。1つイメージさえつけちゃえば、またエロいことを歌ってるなっていうことで、受け入れてもらえますし。

K それにセックスは誰もがするものだから、共感もさせやすいし。

★ベッドルームでの音楽演出

高橋 ちなみに向こうの人たちは、こういう曲を現場というか、ベッドルームで気分を盛り上げるためにかけたりしてるわけですよね？

K 向こうのラジオは夜の7〜8時ぐらいまでダンサブルなのをやってるんだけど、9〜10時ぐらいになるとクワイエット・ストームとかになって、バラードばっか流れるっていうのは、ニューヨークでもマイアミでもどこに行っても一緒。

西寺 でも、そんなのがかかってたらいいですよね。ちょっとみんなでエロい気持ちになってね。

高橋 実際にそういうことします？

西寺 あ、自分のこと？ 若いころはマーヴィン・ゲイとか、かけてたかもしれないなぁ。

K オレもAL B.シュア！(Al B. Sure!)とか、かけてたよ。でもリクエストに応えてた気はするな。

高橋 僕は女の子が家に来てアイズレー・ブラザーズみたいなメロウな曲をかけておくと、少し違和感があるというか。日本人はそういうのに

あまり慣れてないから。
K やりすぎてるな、みたいね。こいつ空間作りをしてやがる、みたいに。だからオレはムードが作れないから、パブリック・エナミー（Public Enemy）とか流れてても、平気で手出し始めちゃう。
高橋 郷太君はどうですか？
西寺 やっぱり音楽の力はあるんじゃないですかね。ちょうどいま、アルバムを作ってるんですけど、メロウな曲を作ろうかなっていう気になってきました。やっぱり飽きないですよね。

★エロい歌の"3つの軸"
K こうしていろいろと出てきたけどさ、改めてプリンスはド変態だなと思ったよ。
高橋 ちょっと世界観が違いますよね。
K 輪をかけたエロさで出てきたよね。その後の90年代に出てきたニュー・ジャック・スウィングとかも、意外にエロくないんだよね。
高橋 でもジョデシィ（Jodeci）やキース・スウェット（Keith Sweat）あたりは結構エロいですよ。
K 確かにちょっとヤバいかも。キースの『ライト・アンド・ア・ロング・ウェイ（Right And A Wrong Way）』は、10代の子に手を出してる歌だし。

高橋 わりとR&Bは、10代の子に手を出しちゃう的な歌詞は多いですね。
K 昔は許されたんじゃない？ 例えば往年の曲をカバーすることもあるけど、40年代や50年代は平気で若い女に手を出してたでしょ？ 映画の『マイ・フェア・レディー』みたいにさ。
高橋 ティーンのリスナーが、そこに自分を重ね合わせてたのかもしれないですね。曲の歌詞を聴いて自分に置き換えて、大人の恋に憧れてうっとりするという。
西寺 不倫の歌とか、昔はめっちゃ多かったですもんね。
高橋 僕はエロい歌というのは、大まかに3つぐらいの軸があるような気がしていて。1つはブラック・ミュージックの中でいちばん幹として太いムード・ミュージック。曲調も含めて、セクシーな歌詞というか、ある種メイクラヴのときにかける音楽としてのエロチックな曲です。次にプリンスがやろうとしていた、インモラルなことをあえて歌うことによって自分の反社会性みたいなものをアピールするもの。
西寺 コマーシャル戦略ですよね。まさに炎上商法です。
高橋 そう。論争を巻き起こすのも、1つの目的だと思います。最後はヒップホップ以降の、自分のセクシャルを誇示するようなボースティ

ングとしてのもの。いまのブラック・ミュージックはこの3つの座標の中の、どこに主軸を置くのかというような気がします。

K ミックスされてる感じもするね。

高橋 そう。具体的なこともあるし、急にインモラルなことも入ってきたりもするし。R.ケリーは多分この座標の中を行き来してる。

★ステージに観客を上げるR&B文化

K そういえばR&Bというカテゴリーの中で、エロいことを歌ったという意味では、ジョデシィが口火を切った気がするんだよ。

高橋 セカンド・アルバムの『ダイアリー・オブ・ア・マッド・バンド(Diary of a Mad Band)』とサード・アルバムの『ザ・ショウ, ジ・アフター パーティー(The Show, the After Party, the Hotel)』ですね？

K シングルの『フィーニン(Feenin')』とか、あのあたりからね。でもファースト・アルバムの『フォーエヴァー・マイ・レイディ(Forever My Lady)』は優しいんだよ。どっちかっていうと女々しいタイプで。

高橋 そういえば、R&Bとヒップホップのコンサートって、途中で絶対女の子をステージに上げて、イスに座らせて口説いたりするじゃないですか。政治的／社会的なメッセージでアルバムを1枚作るようなコモン(Common)みたいなラッパーですら、この間の来日公演でもやってましたけど。女の子を上げて「君は本当に美しくて云々」ってやったりする、あのカルチャーはなんなんでしょうね？ ポップスのコンサートだったら絶対にないでしょう？

K ジャネット・ジャクソン(Janet Jackson)も、男のお客さんをフロアに上げて、それこそストリッパーみたいに膝の上に座っちゃって胸を押しつけたりするよね。

西寺 うん、やってた。

高橋 そう言われるとブラック・ミュージックは、ちょっと芸能っぽいところにありますよね。

K バンドかシンガーの違いもあるんじゃない？ バンドだとメンバーがいて一体となって演奏してるけど、シンガーだとバンドのメンバー紹介はするけど、基本は自分が主役だから。あとは多分、客と疑似恋愛をしたいんだろうね。

高橋 ビヨンセ(Beyonce)のようなビッグスターも、その辺の男をステージに上げてちょっとセクシャルなサービスをしちゃったりしますからね。

K 宝くじみたいなものかもよ。次はオレのところに来るかもしれないっていう期待感に繋げるというか。次のコンサートでいい席を取れ

ば、もしかしたらあそこに行けるかもという。

西寺 あとはお金持ち感というのもあるんじゃないですか？ ジャネットとかビヨンセとかは、すごく有名でセレブっていうことも、1つの裏づけになってるのかもしれない。

高橋 それはあるかもしれないな。

西寺 そういう意味でのパブリックイメージとして、金も権力もあるっていう。優位に立っていることを、お客さんに見せられるというか。

高橋 パワーの誇示としての、セクシャル・サービスみたいなことが。

西寺 ただセクシーとか男前とかだけじゃなくて、この場所ではオレは王様なんだ、私は女王様よっていうトータルな支配というか。

高橋 それも多分、ボースティングですね。郷太君の言うとおりかもしれない。確かにそういうパワーがある人がやってこそのパフォーマンスかも。

K あと言い忘れてたけど、セーフ・セックスというか、ヒップホップの中にはセックス自慢じゃない、失敗談の曲もあって。例えばクール・モー・ディー（Kool Moe Dee）の『ゴー・シー・ザ・ドクター（Go See The Doctor）』っていうのは、可愛い女と出会ってヤっちゃったけど、性病を持ってたんで医者へ行かなきゃっていう歌だし、あとブギ・ダウン・プロダクションズ（Boogie Down Productions）の『ジミー（Jimmy）』とか。それからジャングル・ブラザーズ（Jungle Brothers）の『ジンブロウスキー（Jimbrowski）』や、デ・ラ・ソウル（De La Soul）の『ジェニファ・トート・ミー（Jenifa Taught Me (Derwin's Revenge)）』とか、あの辺も全部下ネタなんだよね。

高橋 そうですね。

K ちんちんが勃起するっていうことをエボリューション、進化論に置き換えて、オレのジミーがどんどんイヴォルヴしてる、みたいなことを言うんだよね。

高橋 まあ言葉遊びですね。

K 確かに。要するにセックスを、あからさまに語ってもオッケーみたいな内容だし。あとEPMDの『ジェーン（Jane）』とかもね。

高橋 あ、あれもそうですね。

K だってヒップホップだとスキーザーっていう、いわゆる男の金目当てに近づいてくる女に、こっちはおいしいと思っていたつもりが実は向こうにだまされてたとか、他にも男がいたとか、結構あるじゃん。リアリティの中のセックスをテーマにというか、それもヒップホップは曲にし始めたんだろうね。

高橋 歌える内容のキャパシティーを、ヒップホップが一気に広げた部分はあると思います。

西寺　そうですよね。
K　キッド・イン・プレイ(Kid'n play)の『ラストナイト(Last Night)』も、結局は女とヤるんだからね。
高橋　でもヒップホップはね、女性の扱い方にいろいろ問題が多いとは思うんですよ。
K　それはそう思うよ。あとLL・クール・J (LL Cool J)の。『アイ・ニード・ラヴ(I Need Love)』。最初の来日コンサートは渋谷のロフトの地下の駐車場でやってたんだけど、クール・Jが出てきて、この曲のときはずっと床に寝転がりながら、腰をグリグリとグラインドさせて、本当にうつぶせでステージに寝転がって、その体勢で「アイ・ニード・ラヴ」って言ってたんだよ。何これ、と思ったもん。
高橋　そういうのはブラック・ミュージックの世界だけなのかも。
西寺　でも面白いですね。

★作詞家としてのセクシャルな歌詞

高橋　Kダブさんは、自分でセクシャルな歌詞を書くことはありますか？
K　あるよ。それこそツアーのアフターパーティーで酒池肉林みたいな歌もあるし、普通に付き合ってる彼女と週末にゆっくり過ごすみたいなのもあるし。エロい女をからかって遊んだみたいな歌とかも、結構ある。
高橋　郷太君は、いかがですか？

西寺　人に書くのはわりとあるかも。V6の『Sexy.Honey.Bunny!』って曲は、30代ぐらいのサラリーマンのカッコいい上司が、家族もいるのに若い女の子の魅力にやられてしまって、秘密を守れば一緒にヤろうみたいな歌で。当時30代後半もいるV6というイケメンたちの力を借りて、そういう情景を描いたことはあります。あれは完全にナイスバディな女の子にクラッときちゃう先輩というシチュエーションで書いた歌です。
K　でも卑猥なことは、あまり？
高橋　日本だとその辺は踏み込んで表現しにくいですよね。
K　例えばクインシー・ジョーンズ(Quincy Jones)の『ザ・シークレット・ガーデン(The Secret Garden (Sweet Seduction Suite))』って、あれはエロい歌だよね。
一同　はいはい。
K　これはバリー・ホワイトとエル・デバージ(El DeBarge)、AL B. シュア!、ジェームス・イングラム(James Ingram)。
高橋　もう勢ぞろいだな。
K　だって秘密の花園だよ？　もう、そのままアソコじゃん！
西寺　クインシーは実生活がエロの権化みたいな人ですもんね。
K　ジェームス・イングラムの『ジャスト・ワンス(Just Once)』とかも、

もう1回だけヤラせて、みたいなさ。
高橋 エロいことを歌うのに、なんのてらいもないですよね。
K そこはアメリカ人だからなんじゃないの？　あとレゲエのシャバ・ランクス（Shabba Ranks）は、結構ヒップホップのセックスネタに影響を与えた気がするな。
高橋 うん、確かに。下ネタのキャパシティー拡大は、レゲエがかなり貢献してそうですね。
K だってオレ、日本でレゲエの子たちのゴーゴーダンサーとか想像できなかったもん。こんなポルノみたいなことをやる日本人女性はいねえだろうなと思っていたら……。
西寺 あれはセックスに密接に絡んでますよね。
高橋 いろんな体位が振りになっているみたいですもんね。

★ハイタッチが変えた日本
西寺 実際にいま、ハロウィンやクリスマスで女の子がエロい格好で街を歩いてもオッケーみたいになってるでしょう。結局そういうマインドの変化というか、あのままセックスしようみたいなのが流れとして絶対あると思う。
高橋 確かにハロウィンは、こっちへ直結してる感じがする。
西寺 でも、あれはここ数年ぐらいでしょう？　いつからそんな風に日本も変わったのかって考えたんだけど、たしか日韓のFIFAワールドカップのときに、日本が勝って、渋谷のスクランブル交差点で道行人同士がハイタッチし始めたことがあったでしょう？　90年代のドーハの悲劇とかでは、そんなのしなかったのに。サッカーの文化が1回根付いたあとに、勝ったらみんなが今日限りは友達みたいな風潮ができて、あそこがすべての変化のルーツだったような気がして。
高橋 こんなに肉体的な表現をする人たちだった？っていう。
西寺 そう。それもハロウィンだからオッケーとか、サッカーに勝ったからオッケーとかダブルスタンダードで。例えるなら山に登ったら、みんなすれ違う人に「こんにちは」って言うじゃないですか。でもそれは山だからであって、街では言わないわけでしょう。でもそういうルールが一定に広がったときに、エロも含めて解放していいんだっていう風潮が出てきて。音楽的に言えば、僕にも好きな日本人のヒップホップ・アーティストってたくさんいたんだけど、それ以降は生まれにくくなった。それはつまり一般の人たちが大量に「参加」することで、美学やルールを超えていったから。
K うん。「パーリー」とか「ウェイウェイ」とか、そう言うヤツがどん

どん増えた。

西寺 ヴィジュアル系とかコミケとかもそうだけど、受け手のほうが着飾るという、ある種の上下関係が崩れた1つのポイントがあのハイタッチで、僕はあれから、いろんなものが変わったような気がします。

高橋 ハイタッチ自体も、いつの間にか生活の中に入ってるじゃないですか。僕らが子どものころは、ハイタッチの文化ってなかったから、いまだに少し無理があるもんね。でもいま幼稚園とかに行くと、先生と子どもがやってるぐらいで。

西寺 知ってる同士でならまだいいんですけど、全く見知らぬ人たちが交差点でやってたっていうのがね。で、実際ハロウィンでみんなが着飾るっていうのも、100人中1人がやってたら変だけど、40人ぐらいいればおかしくないじゃないですか。こうして急激に増えていったんでしょうね。歌の世界も、同じように浸食されていくというか、そんな気がしますけどね。

高橋 なるほど。

K アメリカナイズっていうかね。ハグとかも、前よりもするようになったじゃん。この話の流れでいくと、ちょっと恥ずかしいけど、オレが10代の終わりぐらいのころって、フェラチオはハードルが1つ高かったんだよね。

西寺 それは知らないですよ(笑)！頼むのが、ってことですか？

K 頼むっていうか、そっちに持っていくのが。どっちかというとオプション的な意味で。いまは完全に、前戯というかさ。

西寺 当たり前みたいな。

K コース料理の最初のアペタイザーみたいな感じだけど。

西寺 アハハハハ！ フェラチオはコース料理のアペタイザーって、歌の歌詞になりそうですね(笑)。とはいえ、日本人もかなりアメリカナイズされてきてるけど、やっぱりR.ケリーみたいに、ここまでエロい歌手って、さすがにまだ日本では登場しないですね。

K そうだね。

西寺 昔、岡村靖幸さんが「靖幸ちゃんが寂しがっているよ」みたいなことを歌ってましたけど、それしか思いつかない。

高橋 日本も随分、進んできたとは思うけど、R.ケリーの境地にたどり着くにはまだまだ時間がかかりそうですね(笑)。

あとがき

宇多丸

「外国語の歌」に関しては、正確には何について歌われている曲なのかには深く頓着しないまま、むしろそれゆえの一種の気楽さをもって、あくまで"音楽的に"、もしくはエキゾチックな"気分"優先で、十分楽しむことができる——そうした、いわゆる「洋楽」的リスニング姿勢が、こと我が国では、長年にわたり広く習慣化してきました。母国語で歌われる「邦楽」が、もっぱら歌詞の内容から評価／受容されがちだったのとは対照的に、です。

当然のようにそこには、作品本来の文脈からすればいささか滑稽な大小の誤解、曲解が生じることとなり、しばしばネイティブ・スピーカーや識者による批判や嘲笑の対象ともなってきました。

確かに、正しい知識を得ることは大切です。誤った情報が正されるべきなのは言うまでもありません。しかし……自分たちが100パーセント理解できる（つもりでいる）ドメスティックな文化にだけ囲まれて満足しているよりも、異国の文物の「分からなさ」をこそ愛でることもできる私たちのスタンスのほうが、実はほんのちょっとだけ、豊かで愉快な可能性を含んでいるんじゃないか、という気が個人的にはしてなりません。だって単純に、「分かる前」と「分かったあと」、2倍楽しめるんだよ!? この『R&B馬鹿リリック大行進』は、まさにそのような、日本的洋楽リスナーだからこそ享受できる、「カルチャー・ギャップから生じる面白さ」を原動力とした企画です。美麗なメロディや甘い歌声、高度なサウンド・プロダクションにしばしウットリしたのち、その時点では想像もしていなかったようなあけすけすぎる歌詞の内容を知って、今度はビックリしたり呆れたり、逆に前より身近に感じたり……大げさに言えば、これぞ異文化に触れる醍醐味そのもの！ ではないでしょうか。本書を通じて、そのダイナミズムを堪能していただけたなら幸いです。

番組情報

UTAMARU from RHYMESTER
WEEKEND SHUFFLE

TBS RADIO AM954／FM90.5
毎週土曜日 22:00～24:00

『ライムスター宇多丸の
ウィークエンド・シャッフル』

番組出演者
パーソナリティー：宇多丸(ライムスター)
レギュラー：しまおまほ

主要スタッフ
プロデューサー：津波古啓介
ディレクター：簑和田裕介（株式会社TBSトライメディア）
ディレクター：小荒井 弥（株式会社弥弥）
構成作家：古川 耕
アドバイザー：妹尾匡夫（オフィスまあ）
アシスタントディレクター：山添智史（株式会社TBSトライメディア）

スモール出版の本

『ライムスター宇多丸の ウィークエンド・シャッフル "神回"傑作選 Vol.1』

TBSラジオ「ライムスター宇多丸の ウィークエンド・シャッフル」編

映画・音楽・アイドル・妄想etc……純度100%の持論・オン・ステージ！ 業界聴取率No1ラジオプログラム（体感）、各界に多大な影響を与え続けるTBSラジオ『ライムスター宇多丸のウィークエンド・シャッフル』。その特集コーナー「サタデーナイト・ラボ」の傑作"神回"を、600ページ超の特大ボリュームにて完全収録！ 書籍だけのコンテンツも充実！！
独自の視点と語り口、圧倒的な情報量、ゲスト出演者のどうかしている熱量の高さ——通称『タマフル』の特集は、活字になっても面白い！

宇多丸×

大林宣彦／町山智浩／藤井 隆／西寺郷太／小出祐介（Base Ball Bear）／ジェーン・スー／高橋ヨシキ／福田里香／竹中夏海／三宅隆太／コンバットREC／高橋芳朗／古川 耕／しまおまほ ほか

1、鈴木亜美 joins キリンジ "それもきっとしあわせ" は現代の『My Way』だ 特集（宇多丸）／2．マイケル・ジャクソン、小沢一郎 ほぼ同一人物説（西寺郷太）／3、アイドルとしての王貞治 特集（コンバットREC）／4、シリーズ"エンドロールに出ない仕事人"第1弾 スクリプト・ドクターというお仕事（三宅隆太）／5、『七人の侍』は、最高の食育映画だ！ 名作の裏に"フード理論"あり！（福田里香）／6、タマフル・春の文具ウォーズ特別編！ ブング・ジャム a.k.a.文具ジェダイ評議会が文具の悩みに答える"文具 身の上相談"スペシャル（古川耕、高畑正幸、他故壁氏、きだてたくほか）／7、現実・妄想・どっちも歓迎 真夏のア（↑）コガレ自慢大会（高橋芳朗、古川耕ほか）／8、映画駄話シリーズ 町山智浩の素晴らしきトラウマ映画の世界（町山智浩ほか）／9、男子のための初めてのコスメ入門（ジェーン・スー）／10、大林宣彦監督降臨！ この際だから、巨匠とざっくばらんに映画駄話 特集（大林宣彦）／11、アイドルとしての大江戸線の駅 特集（竹中夏海）／12、国産シティポップス最良の遺伝子を受け継ぐ男、歌手・藤井隆スペシャルインタビュー（藤井隆）／13、映画駄話シリーズ 牙を抜かれた映画界に送る「映画が残酷・野蛮で何が悪い」特集（高橋ヨシキ）／14、自分のアルバムが出るのになんですが、改めてナンバーガールについて語ろう 特集（小出祐介）／各オンエアを振り返る（宇多丸）／「サタデーナイト・ラボ」を振り返る（宇多丸）／「サタデーナイト・ラボ」一覧リスト

定価2200円＋税　四六判並製／モノクロ／608ページ

歌詞掲載＆対訳者一覧

第1章
P.012/013　ドゥエイン・ウィギンス『ミュージック・イズ・パワー』
　　Dwayne Wiggins "Music Is Power"　対訳：豊田早苗
P.016　シスコ『インコンプリート』　Sisqó "Incomplete"　対訳：国田ジンジャー
P.020/022/024/025　プレジャー・P『ボーイフレンド・ナンバー2』
　　Pleasure P "Boyfriend #2"　対訳：押野素子
P.028/030/032/034/036　ボビー・ヴァレンティノ『スリー・イズ・ザ・ニュー・トゥー』
　　Bobby Valentino "3 Is The New 2"　対訳：Yumi Parks
P.040　トゥイート『セクシャル・ヒーリング（ウップス Pt.2）』
　　Tweet "Sexual Healing (Oops Pt.2)"　対訳：泉山真奈美
P.044　R.ケリー『(セックス)ラヴ・イズ・ホワット・ウィ・メイキン』
　　R. Kelly "(Sex) Love Is What We Makin' "　対訳：Kana Muramatsu
P.046/047/048/049/050　R.ケリー『セックス・プラネット』
　　R. Kelly "Sex Planet"　対訳：Kana Muramatsu
P.054　トレイ・ソングス『アイ・インヴェンテッド・セックス』
　　Trey Songz "I Invented Sex (Featuring Drake)"　対訳：Kana Muramatsu
P.057/059/061　トレイ・ソングス『ストア・ラン』　Trey Songz "Store Run"　対訳：押野素子

第2章
P.074　R.ケリー『クレイジー・ナイト』
　　R. Kelly "Crazy Night (Featuring R.City)"　対訳：June Bug、歌詞監修：Kana Muramatsu
P.076　R.ケリー『エクジット』　R. Kelly "Exit"　対訳：June Bug、歌詞監修：Kana Muramatsu
P.078/080/081　R.ケリー『エコー』
　　R. Kelly "Echo"　対訳：June Bug、歌詞監修：Kana Muramatsu
P.083/085/087　R.ケリー『ゴー・ロウ』
　　R. Kelly "Go Low"　対訳：June Bug、歌詞監修：Kana Muramatsu
P.089/090　R.ケリー『ライク・アイ・ドゥ』
　　R. Kelly "Like I Do"　対訳：June Bug、歌詞監修：Kana Muramatsu
P.092/093　R.ケリー『ナンバー・ワン』
　　R. Kelly "Number One (Featuring Keri Hilson)"　対訳：June Bug、歌詞監修：Kana Muramatsu
P.096/097　R.ケリー『ビー・マイ・ナンバー2』
　　R. Kelly "Be My #2"　対訳：June Bug、歌詞監修：Kana Muramatsu
P.098/100　R.ケリー『テキスト・ミー』
　　R. Kelly "Text Me"　対訳：June Bug、歌詞監修：Kana Muramatsu
P.103/105　R.ケリー『プレグナント』
　　R. Kelly "Pregnant (Featuring Tyrese, Robin Thicke & The-Dream)"　対訳：June Bug、歌詞監修：Kana Muramatsu
P.109/110　ザ・ドリーム『スウェット・イット・アウト』
　　The-Dream "Sweat It Out"　対訳：押野素子
P.114/116　ジェレマイ『バースデイ・セックス』
　　Jeremih "Birthday Sex"　対訳：Jun "June Bug" Nishihara

歌詞掲載＆対訳者一覧

第3章

P.128/130　ネクスト『トゥ・クロース』　NEXT "Too Close"　対訳：川越由佳
P.132/134　ネクスト『コージー』　NEXT "Cozy"　対訳：川越由佳
P.136/138　ネクスト『ネクスト・エクスペリエンス』
　　　　NEXT "NEXT Experience (Featuring Adina Howard & Castro)"　対訳：川越由佳
P.140/142　ネクスト『テイスト・ソー・グッド』　NEXT "Taste So Good"　対訳：川越由佳
P.144/145/146/148　ネクスト『フォン・セックス』　NEXT "Phone Sex"　対訳：川越由佳
P.151/153/155/157　ネクスト『ロック・オン』　NEXT "Rock On"　対訳：川越由佳
P.160/162/164/166/168/170　ネクスト『サイバーセックス』
　　　　NEXT "Cyber Sex"　対訳：川越由佳
P.172/174/176/178/180/182　ネクスト『ジャーク』
　　　　NEXT "Jerk (Featuring 50 Cent)"　対訳：川越由佳
P.184/186/188/190/192　ネクスト『レッツ・メイク・ア・ムーヴィー』
　　　　NEXT "Let's Make a Movie"　対訳：川越由佳

第4章

P.213　R.ケリー『ユー・リマインド・ミー・オブ・サムシング』
　　　　R. Kelly "You Remind Me of Something"　対訳：川越由佳
P.216　R.ケリー『ザ・グレーテスト・セックス』　R. Kelly "The Greatest Sex"　対訳：泉山真奈美
P.218/220/221　R.ケリー『スネーク』　R. Kelly "Snake (Featuring Big Tigger)"　対訳：泉山真奈美
P.222/224　R.ケリー＆ジェイ・Z『モー・マネー』
　　　　R. Kelly & JAY-Z "Mo' Money (Featuring Twista)"　対訳：Kana Muramatsu
P.225/226/228/230/232/234　R.ケリー＆ジェイ・Z『ブレイク・アップ（ザッツ・オール・ウィ・ドゥ）』
　　　　R. Kelly & JAY-Z "Break Up (That's All We Do)"　対訳：Kana Muramatsu
P.237　R.ケリー『ハッピー・サマータイム』
　　　　R. Kelly "Happy Summertime (Featuring Snoop Dogg)"　対訳：Kana Muramatsu
P.239　R.ケリー『イン・ザ・キッチン』　R. Kelly "In The Kitchen"　対訳：Kana Muramatsu
P.241/243/245　R.ケリー『プット・マイ・Tシャツ・オン』
　　　　R. Kelly "Put My T-Shirt On"　対訳：Kana Muramatsu
P.247　R.ケリー『リモート・コントロール』　R. Kelly "Remote Control"　対訳：Kana Muramatsu
P.249　R.ケリー『レゲエ・バンプ・バンプ』
　　　　R. Kelly "Reggae Bump Bump (Featuring Elephant Man)"　対訳：Kana Muramatsu
P.251　R.ケリー『タッチン』　R. Kelly "Touchin (Featuring Nivea)'"　対訳：Kana Muramatsu
P.253/255　R.ケリー『ガールズ・ゴー・クレイジー』
　　　　R. Kelly "Girls Go Crazy (Featuring Baby)"　対訳：Kana Muramatsu
P.257/259　R.ケリー『リーヴ・ユア・ネーム』
　　　　R. Kelly "Leave Your Name"　対訳：Kana Muramatsu
P.261　R.ケリー『ロック・スター』
　　　　R. Kelly "Rock Star (Featuring Ludacris and Kid Rock)"　対訳：Kana Muramatsu
P.263/265　R.ケリー『スウィート・トゥース』　R. Kelly "Sweet Tooth"　対訳：Kana Muramatsu
P.267/269　R.ケリー『ハヴィン・ア・ベイビー』　R. Kelly "Havin' A Baby"　対訳：Kana Muramatsu
P.271　R.ケリー『ジャスト・キャント・ゲット・イナフ』
　　　　R. Kelly "Just Can't Get Enough"　対訳：Kana Muramatsu

第5章
P.283/285　R.ケリー『レッグス・シェイキン』
　　　　　R. Kelly "Legs Shakin' (Featuring Ludacris)"　対訳：Kana Muramatsu
P.287/289　R.ケリー『クッキー』　R. Kelly "Cookie"　対訳：Kana Muramatsu
P.292/294/296/298/300/301　R.ケリー『マリー・ザ・プッシー』
　　　　　R. Kelly "Marry The Pussy"　対訳：Kana Muramatsu
P.302/304/306　R.ケリー『ジーニアス』　R. Kelly "Genius"　対訳：Kana Muramatsu
P.308　R.ケリー『オール・ザ・ウェイ』
　　　　　R. Kelly "All The Way (Featuring Kelly Rowland)"　対訳：Kana Muramatsu
P.310　R.ケリー『スペンド・ザット』　R. Kelly "Spend That (Featuring Jeezy)"　対訳：Kana Muramatsu
P.312　R.ケリー『エヴリー・ポジション』　R. Kelly "Every Position"　対訳：Kana Muramatsu

コラム
P.120　R.ケリー『マーチング・バンド』
　　　　　R. Kelly "Marching Band (Featuring Juicy J)"　対訳：Kana Muramatsu
　　　　　R.ケリー『ザ・ポエム』　R. Kelly "The Poem"　対訳：Kana Muramatsu
P.121　R.ケリー『ポエティック・セックス』　R. Kelly "Poetic Sex"　対訳：Kana Muramatsu
　　　　　R.ケリー『エニシング・ゴーズ』　R. Kelly "Anything Goes (Featuring Ty Dolla $ign)"
　　　　　対訳：Kana Muramatsu
　　　　　R.ケリー『スウィッチ・アップ』
　　　　　R. Kelly "Switch Up (Featuring Lil Wayne & Jeremih)"　対訳：Kana Muramatsu
　　　　　R.ケリー『ワナ・ビー・ゼア』　R. Kelly "Wanna Be There (Featuring Ariiraye)"
　　　　　対訳：Kana Muramatsu
P.196　トレイ・ソングス『セックス・フォー・ユア・ステレオ』
　　　　　Trey Songz "Sex For Yo Stereo"　対訳：押野素子
　　　　　トレイ・ソングス『アー・ユー・ア・パフォーマー』
　　　　　Trey Songz "Are You A Performa (Featuring Al)"　対訳：押野素子
　　　　　トレイ・ソングス『パンティ・ドロッパ(イントロ)』　Trey Songz "Panty Droppa (Intro)"
　　　　　対訳：Kana Muramatsu
　　　　　トレイ・ソングス『ネイバーズ・ノウ・マイ・ネーム』　Trey Songz "Neighbors Know My Name"
　　　　　対訳：Kana Muramatsu
P.197　トレイ・ソングス『パンティ・ドロッパ(完全版)』
　　　　　Trey Songz "Panty Droppa (The Complete Edition))"　対訳：June Bug
　　　　　トレイ・ソングス『ダイヴ・イン』　Trey Songz "Dive In"　対訳：栗山信輔
P.198　トレイ・ソングス『パンティ・ウェッター』　Trey Songz "Panty Wetter"　対訳：栗山信輔
　　　　　トレイ・ソングス『ケーキ』　Trey Songz "Cake"　対訳：Kana Muramatsu
　　　　　トレイ・ソングス『フォーリン』　Trey Songz "Foreign"　対訳：Kana Muramatsu
　　　　　トレイ・ソングス『タッチン・ラヴィン』　Trey Songz "Touchin, Lovin"　対訳：Kana Muramatsu
　　　　　トレイ・ソングス『デッド・ロング』　Trey Songz "Dead Wrong"　対訳：Kana Muramatsu
　　　　　トレイ・ソングス『オール・ウィ・ドゥ』　Trey Songz "All We Do"　対訳：Kana Muramatsu
P.274　デイヴ・シャペル『(I Wanna) Piss On You』　Dave Chappelle "(I Wanna) Piss On You"
　　　　　対訳：Kana Muramatsu
P.316　ブライアン・マックナイト『If Ur Ready 2 Learn (How Your Pussy Works)』
　　　　　Brian McKnight "If Ur Ready 2 Learn (How Your Pussy Works)"　対訳：Kana Muramatsu

R&B馬鹿リリック大行進
~本当はウットリできない海外R&B歌詞の世界~

発行日　2016年2月27日　初版第1刷発行
　　　　2016年3月1日　初版第2刷発行

編著者　高橋芳朗・宇多丸・古川耕・TBSラジオ「ライムスター宇多丸のウィークエンド・シャッフル」

企画・構成　高橋芳朗、古川耕	
編集・構成　中村孝司（スモールライト）	発行者　中村孝司
編集　室井順子（スモールライト）、	発行所　スモール出版
スモールライト編集部	〒164-0003　東京都中野区東中野1-57-8
アートディレクション　峯崎ノリテル（(STUDIO)）	辻沢ビル地下1階
デザイン　正能幸介（(STUDIO)）	株式会社スモールライト
イラスト　JUN OSON	電話　03-5338-2360
校正　芳賀惠子	FAX　03-5338-2361
対訳　Kana Muramatsu、川越由佳、June Bug、	e-mail　books@small-light.com
押野素子、泉山真奈美、豊田早苗、	URL　http://www.small-light.com/books/
国田ジンジャー、Yumi Parks、	振替　00120-3-392156
栗山信輔（WORDSBERG Inc.）	
協力　ソニー・ミュージック、ワーナーミュージック・ジャパン、	印刷・製本　中央精版印刷株式会社
津波古啓介（TBSラジオ＆コミュニケーションズ）、	定価はカバーに表示してあります。乱丁・落丁（本の頁の抜け落ちや順序の間違い）の場合は、小社販売宛にお送りください。送料は小社負担でお取り替えいたします。なお、本書の一部あるいは全部を無断で複写複製することは、法律で認められた場合を除き、著作権の侵害になります。
簑和田裕介（TBSトライメディア）、小荒井弥、	
株式会社スタープレイヤーズ	
SPECIAL THANKS　小島慶子、山本匠晃（TBS）、	
橋本吉史・三条毅史・野上知弘	
（TBSラジオ＆コミュニケーションズ）、	
西寺郷太、Kダブシャイン、Kana Muramatsu、	© Yoshiaki Takahashi 2016
川口真紀、松田敦子	© Utamaru 2016
	© Kou Furukawa 2016
	© 2016 TBS RADIO & COMMUNICATIONS,Inc.
	© 2016 Small Light Inc. All Rights Reserved.
	Printed in Japan
	ISBN978-4-905158-31-8